# “十四五”
# 残疾人保障和发展规划
# 专题解读

中国残疾人联合会 编

华夏出版社

图书在版编目（CIP）数据

“十四五”残疾人保障和发展规划专题解读 / 中国残疾人联合会编. --北京：华夏出版社有限公司，2021.8

ISBN 978-7-5222-0138-2

Ⅰ.①十… Ⅱ.①中… Ⅲ.①残疾人-社会福利事业-五年计划-中国-2021-2025-学习参考资料 Ⅳ.D669.69

中国版本图书馆CIP数据核字（2021）第122753号

**“十四五”残疾人保障和发展规划专题解读**

| | |
|---|---|
| **编　　者** | 中国残疾人联合会 |
| **责任编辑** | 贾洪宝 |
| **封面设计** | 殷丽云 |
| **出版发行** | 华夏出版社有限公司 |
| **印　　装** | 三河市少明印务有限公司 |
| **版　　次** | 2021年8月北京第1版　2021年8月北京第1次印刷 |
| **开　　本** | 880×1230　1/32开本 |
| **印　　张** | 8.75 |
| **字　　数** | 240千字 |
| **定　　价** | 30.00元 |

**华夏出版社有限公司**　地址：北京市东直门外香河园北里4号（邮编100028）
网址：www.hxph.com.cn 电话：010-64663331（转）
投稿互动：986762145@qq.com，010-64672903

# 目　　录


**“十四五”残疾人保障和发展规划** ……………………… （1）

新华社：国务院印发《“十四五”残疾人保障和发展规划》…… （41）

**一、总体要求**

巩固拓展残疾人脱贫攻坚成果，
促进残疾人公共服务高质量发展
——张海迪在国务院残工委第四次全体会议上的发言 ………… （44）

《“十四五”残疾人保障和发展规划》编制情况
——周长奎在国务院残工委第四次全体会议上的工作报告 …… （49）

面向未来，聚焦重点，
高质量推动“十四五”残疾人保障和发展 ……………… （52）

残疾人保障和发展的总体思路和主要任务……………………… （59）

**二、社会保障**

巩固拓展残疾人脱贫攻坚成果………………………………… （68）

进一步完善残疾人“两项补贴”制度……………………… （75）

加快发展残疾人托养和照护服务……………………………… （82）

## 三、就业促进

促进残疾人就业三年专项行动…………………………（88）
落实残疾人就业补贴奖励政策…………………………（95）
推进党政机关、事业单位、国有企业
带头安置残疾人…………………………………（103）
加快推进残疾人就业创业网络服务……………………（108）
跨省通办残疾人按比例就业联网认证系统……………（112）
创新规范发展盲人按摩事业……………………………（116）

## 四、关爱服务

推动残疾人康复事业高质量发展………………………（122）
加强残疾预防，促进全民健康…………………………（127）
加强辅助器具服务网络建设，完善服务保障制度……（133）
完善特殊教育保障机制，提升特殊教育质量…………（138）
提升残疾人宣传文化服务能力和水平…………………（144）
全面提升城乡无障碍环境建设管理水平………………（154）
推动残疾人体育全面发展………………………………（162）
进一步加强残疾人康复健身体育工作…………………（169）

## 五、权益维护

提高残疾人事业法治化水平，
创新残疾人法律援助和权益维护………………………（178）
加快发展信息无障碍，努力消除“数字鸿沟”………（185）

## 六、支持保障条件

深化残联组织改革建设…………………………………………（192）

深入推进志愿助残服务…………………………………………（196）

加强和改进专门协会工作………………………………………（200）

营造残疾人事业发展的良好外部环境…………………………（206）

募集社会资源，助力残疾人民生………………………………（212）

加强残疾人服务设施建设………………………………………（216）

努力满足残疾人科技创新需求…………………………………（222）

加强残疾人服务标准化建设……………………………………（227）

附录1　《国民经济和社会发展第十四个五年规划和二〇三五年远景目标纲要》关于残疾人保障和发展的内容　…………（232）

附录2　《“十三五”加快残疾人小康进程规划纲要》实施情况评估报告　…………………………（235）

后　记　…………………………………………………………（273）

# 国务院关于印发《“十四五”残疾人保障和发展规划》的通知

国发〔2021〕10号

各省、自治区、直辖市人民政府，国务院各部委、各直属机构：

现将《“十四五”残疾人保障和发展规划》印发给你们，请认真贯彻执行。

国务院

2021年7月8日

# “十四五”残疾人保障和发展规划

## 目　录

一、编制背景 …………………………………………………（5）
二、总体要求 …………………………………………………（7）
（一）指导思想…………………………………………………（7）
（二）基本原则…………………………………………………（7）
1. 坚持党的全面领导 ……………………………………（7）
2. 坚持以人民为中心 ……………………………………（7）
3. 坚持保基本、兜底线 …………………………………（8）
4. 坚持固根基、提质量 …………………………………（8）
5. 坚持统筹协调、形成合力 ……………………………（8）
（三）主要目标…………………………………………………（8）
专栏1　“十四五”残疾人保障和发展主要指标……（9）
三、重点任务 …………………………………………………（10）
（一）完善残疾人社会保障制度，为残疾人提供更加稳定更高水平的民生保障 ……………（10）
1. 巩固拓展残疾人脱贫攻坚成果 ………………………（10）
2. 强化残疾人社会救助保障 ……………………………（10）
3. 加快发展残疾人托养和照护服务 ……………………（11）
4. 提高残疾人保险覆盖率和待遇水平 …………………（11）

5. 完善残疾人社会福利制度和社会优待政策 ……… (12)
6. 保障残疾人基本住房安全便利 ……………………… (13)
7. 落实残疾军人和伤残民警抚恤优待政策 ………… (13)
8. 加强重大疫情等突发公共事件中对残疾人的保护 … (14)
专栏2 残疾人社会保障重点项目 ……………………… (14)
(二) 帮扶城乡残疾人就业创业，帮助残疾人通过
生产劳动过上更好更有尊严的生活 ……… (15)
1. 完善残疾人就业法规政策 ………………………… (15)
2. 多渠道、多形式促进残疾人就业创业 …………… ( 9 )
专栏3 残疾人就业补贴奖励重点项目 ……………… (17)
3. 提升残疾人职业素质和就业创业能力 …………… (18)
4. 改进残疾人就业服务 ……………………………… (18)
5. 维护残疾人就业权益 ……………………………… (19)
专栏4 残疾人就业服务重点项目 …………………… (20)
(三) 健全残疾人关爱服务体系，提升残疾人康复、
教育、文化、体育等公共服务质量 ……… (20)
1. 加强残疾人健康服务 ……………………………… (20)
2. 提升残疾人康复服务质量 ………………………… (21)
3. 加快发展康复辅助器具服务 ……………………… (22)
4. 强化残疾预防 ……………………………………… (22)
专栏5 残疾人健康和康复服务重点项目 …………… (23)
5. 健全残疾人教育体系 ……………………………… (24)
6. 完善特殊教育保障机制 …………………………… (25)
专栏6 残疾人教育重点项目 ………………………… (26)
7. 提升残疾人公共文化服务 ………………………… (27)

8. 推动残疾人体育全面发展 …………………………… (27)
专栏 7　残疾人文化、体育服务重点项目 ……………… (28)
9. 大力发展残疾人慈善事业和服务产业 ……………… (28)
10. 加强残疾人服务标准化和行业管理 ……………… (29)
（四）保障残疾人平等权利，为残疾人提供
无障碍环境和便利化条件 ………………… (30)
1. 提高残疾人事业法治化水平 ………………………… (30)
2. 创新残疾人法律服务和权益维护 …………………… (30)
3. 提升无障碍设施建设管理水平 ……………………… (31)
4. 加快发展信息无障碍 ………………………………… (31)
专栏 8　无障碍重点项目 ………………………………… (32)
5. 营造全社会助残和残疾人自强的文明社会氛围 … (33)
（五）完善支持保障条件，促进残疾人事业
高质量发展………………………………… (34)
1. 强化党委领导、政府负责的领导体制 ……………… (34)
2. 健全多元化投入格局 ………………………………… (34)
3. 加强基础设施和信息化建设 ………………………… (34)
4. 加快科技创新和人才培养 …………………………… (35)
专栏 9　基础设施、信息化和科技创新重点项目 …… (36)
5. 促进残疾人事业城乡、区域协同发展 ……………… (36)
6. 增强基层为残疾人服务的能力 ……………………… (37)
7. 发挥残疾人组织桥梁纽带作用 ……………………… (38)
8. 积极营造残疾人事业发展的良好国际环境 ……… (39)
四、实施机制 ……………………………………………… (39)

为贯彻落实习近平总书记关于残疾人事业的重要指示批示精神和党中央、国务院决策部署，进一步保障残疾人民生、促进残疾人发展，依据《中华人民共和国残疾人保障法》和《中华人民共和国国民经济和社会发展第十四个五年规划和2035年远景目标纲要》，制定本规划。

## 一、编制背景

党中央、国务院高度重视残疾人事业发展，对残疾人格外关心、格外关注。“十三五”时期，残疾人事业取得重大成就，“全面建成小康社会，残疾人一个也不能少”的目标如期实现。710万农村建档立卡贫困残疾人脱贫，城乡新增180.8万残疾人就业，1076.8万困难残疾人被纳入最低生活保障范围。1212.6万困难残疾人得到生活补贴，1473.8万重度残疾人得到护理补贴。残疾人基本康复服务覆盖率达到80%，辅助器具适配率达到80%。残疾儿童少年接受义务教育的比例达到95%，5万多残疾学生进入高等院校学习。城乡无障碍环境明显改善，关爱帮助残疾人的社会氛围日益浓厚。越来越多的残疾人更加勇敢地面对生活的挑战，更加坚强地为梦想而奋斗，为经济社会发展做出了重要贡献。我国在国际残疾人事务中的影响力显著提升。这些重大成就，有效改善了残疾人民生，有力推动了社会文明进步，成为全面建成小康社会的重要方面，彰显了中国共产党领导和中国特色社会主义制度的显著优势。

我国有8500多万残疾人。“十四五”时期，由于人口老龄化加快等因素，残疾仍会多发高发。残疾人人数众多、特性突出，特别需要关心帮助。当前面临的突出问题：一是残疾人返贫致贫风险高，相当数量的低收入残疾人家庭生活还比较困难。二是残疾人社会保障水平和就业质量还不高，残疾人家庭人均收入与社会平均水平相比还存在不小差距。三是残疾人公共服务总量不足、分布不均衡、质量效益还不高，残疾人就学就医、康复照护、无障碍等多样化需求还没有得到满足。四是残疾人平等权利还没有得到充分实现，歧视残疾人、侵害残疾人权益的现象还时有发生。五是残疾人事业仍然是经济社会发展的短板，欠发达地区、农村和基层为残疾人服务的能力尤其薄弱。

残疾人事业是中国特色社会主义事业的重要组成部分，扶残助残是社会文明进步的重要标志。习近平总书记强调，“残疾人事业一定要继续推动”，要“促进残疾人全面发展和共同富裕”。在全面建设社会主义现代化国家的新征程中，决不能让残疾人掉队。“十四五”时期，要继续加快发展残疾人事业，团结带领残疾人和全国人民一道，积极投身全面建设社会主义现代化国家的伟大实践，共建共享更加幸福美好的生活。

## 二、总体要求

### （一）指导思想

高举中国特色社会主义伟大旗帜，深入贯彻党的十九大和十九届二中、三中、四中、五中全会精神，坚持以习近平新时代中国特色社会主义思想为指导，贯彻落实习近平总书记关于残疾人事业的重要指示批示精神和党中央、国务院决策部署，立足新发展阶段、贯彻新发展理念、构建新发展格局，坚持弱有所扶，以推动残疾人事业高质量发展为主题，以巩固拓展残疾人脱贫攻坚成果、促进残疾人全面发展和共同富裕为主线，保障残疾人平等权利，增进残疾人民生福祉，增强残疾人自我发展能力，推动残疾人事业向着现代化迈进，不断满足残疾人美好生活需要。

### （二）基本原则

1. 坚持党的全面领导。健全党委领导、政府负责的残疾人工作领导体制，为残疾人保障和发展提供坚强的政治保障、组织保障。

2. 坚持以人民为中心。坚持对残疾人格外关心、格外关注，解决好残疾人最关心、最直接、最现实的利益问题。激发残疾人的积极性、主动性、创造性，不断增强残疾人的获得感、幸福感、安全感。

3. 坚持保基本、兜底线。着力完善残疾人社会福利制度和关爱服务体系，织密扎牢残疾人民生保障安全网，堵漏洞、补短板、强弱项，改善残疾人生活品质，促进残疾人共享经济社会发展成果。

4. 坚持固根基、提质量。深化残疾人服务供给侧改革，强化残疾人事业人才培养、科技应用、信息化、智能化等基础保障条件，推动残疾人事业高质量发展，满足残疾人多层次、多样化的发展需要。

5. 坚持统筹协调、形成合力。发挥政府主导作用和社会力量、市场主体协同作用，发挥地方优势和基层首创精神，集成政策、整合资源、优化服务，促进残疾人事业与经济社会协调发展，推动城乡、区域残疾人事业均衡发展。

### （三）主要目标

到2025年，残疾人脱贫攻坚成果巩固拓展，生活品质得到新改善，民生福祉达到新水平。多层次的残疾人社会保障制度基本建立，残疾人基本民生得到稳定保障，重度残疾人得到更好照护。多形式的残疾人就业支持体系基本形成，残疾人实现较为充分较高质量的就业。均等化的残疾人基本公共服务体系更加完备，残疾人思想道德素养、科学文化素质和身心健康水平明显提高。无障碍环境持续优化，残疾人在政治、经济、文化、社会、家庭生活等各方面平等权利得到更好实现。残疾人事业基础保障条件明显改善，质量效益不断提升。

到2035年，残疾人事业与经济社会协调发展，与国家基本实现现代化目标相适应。残疾人物质生活更为宽裕，精神生活更为丰富，与社会平均水平的差距显著缩小。平等包容的社会氛围更加浓厚，残疾人充分享有平等参与、公平发展的权利，残疾人的全面发展和共同富裕取得更为明显的实质性进展。

**专栏1　“十四五”残疾人保障和发展主要指标**

| 类别 | 指　标 | 2020年 | 2025年 | 属性 |
|---|---|---|---|---|
| 收入和就业 | 1. 残疾人家庭人均收入年均增长（%） | —— | 与国内生产总值增长基本同步 | 预期性 |
| | 2. 城乡残疾人职业技能培训人数（人） | —— | 200万 | 预期性 |
| 社会保障和基本公共服务 | 3. 符合条件的残疾人纳入最低生活保障比例（%） | 100 | 100 | 约束性 |
| | 4. 困难残疾人生活补贴覆盖率（%） | 100 | 100 | 约束性 |
| | 5. 重度残疾人护理补贴覆盖率（%） | 100 | 100 | 约束性 |
| | 6. 残疾人城乡居民基本养老保险参保率（%） | 90 | ＞90 | 预期性 |
| | 7. 残疾人城乡居民基本医疗保险参保率（%） | ＞95 | ＞95 | 预期性 |
| | 8. 残疾儿童少年义务教育入学率（%） | 95 | 97 | 预期性 |
| | 9. 残疾人基本康复服务覆盖率（%） | ＞80 | 85 | 约束性 |
| | 10. 残疾人辅助器具适配率（%） | ＞80 | 85 | 约束性 |
| | 11. 困难重度残疾人家庭无障碍改造数（户） | —— | 110万 | 约束性 |

## 三、重点任务

### （一）完善残疾人社会保障制度，为残疾人提供更加稳定更高水平的民生保障。

1. 巩固拓展残疾人脱贫攻坚成果。健全易返贫致贫人口动态监测预警和帮扶机制，将符合条件的残疾人及时纳入易返贫致贫监测范围，对易返贫致贫残疾人及时给予有效帮扶。对脱贫人口中完全丧失劳动能力或部分丧失劳动能力且无法通过产业就业获得稳定收入的残疾人，按规定纳入农村低保或特困人员救助供养范围，做到应保尽保、应兜尽兜。做好易地搬迁残疾人后续帮扶工作。按照巩固拓展脱贫攻坚成果同乡村振兴有效衔接要求，持续做好农村低收入残疾人家庭帮扶工作。继续把残疾人帮扶作为东西部协作工作重要内容，持续动员社会力量参与残疾人帮扶。依法保障农村残疾人的土地承包经营权、宅基地使用权、集体收益分配权等权益。在深化农村集体产权制度改革中帮助残疾人共享集体经济发展成果。扶持农村残疾人参与乡村富民产业，分享产业链增值收益。充分发挥基层党组织在扶残助残中的重要作用，组织协调各方面资源力量加强对残疾人的关心关爱。

2. 强化残疾人社会救助保障。为符合条件的残疾人和残疾人家庭提供特困人员救助供养或最低生活保障。加强对生活无着流浪乞讨残疾人的救助安置和寻亲服务。做好对符合条件残疾人的医疗救助，强化医疗救助与基本医疗保险、大病保险的互补衔接，减轻困难残疾人医疗费用负担。加强临时救助，在重大疫情等突发公共事件中做好对困难残疾人的急难救助。

3. 加快发展残疾人托养和照护服务。积极发展服务类社会救助，推动开展残疾人长期照护服务。着力增强县级特困人员救助供养服务机构对残疾人特困对象的照护服务能力。鼓励通过政府购买服务对社会救助家庭中生活不能自理的残疾人提供必要的访视、照护服务。落实托养服务机构扶持政策，继续实施“阳光家园计划”，为就业年龄段（16—59周岁）智力、精神和重度肢体残疾人等提供托养服务，支持中西部地区残疾人托养服务发展。研究探索老年人能力评估标准、长期护理保险失能等级评估标准等与国家残疾人残疾分类和分级标准的衔接，支持养老服务机构完善服务功能，接收符合条件的盲人、聋人等老年残疾人。研究制定低收入重度残疾人照护服务指导意见，为符合条件的重度残疾人提供集中照护、日间照料、居家服务、邻里互助等多种形式的社会化照护服务。

4. 提高残疾人保险覆盖率和待遇水平。落实地方政府为重度残疾人代缴城乡居民基本养老保险费、资助符合条件的残疾人参加城乡居民基本医疗保险、对残疾人个体工商户和安置残疾人就业单位社会保险进行补贴等政策，帮助残疾人按规定参加基本养老和基本医疗保险，实现应保尽保。研究制定职工基本养老保险参保人员病残津贴政策。落实好29项符合条件的残疾人医疗康复项目纳入基本医保支付范围的政策，按规定做好重性精神病药物维持治疗参保患者门诊保障工作。支持就业残疾人依法参加失业保险，享受失业保险待遇。推进用人单位依法参加工伤保险，按规定支付工伤保险待遇，加强工伤预防和工伤职工康复工作。开展长期护理保险试点的地区，按规定将符合条件的残疾人纳入保障范围。鼓励残疾人参加意外伤害、补充养老等商业保险。鼓励商业保险机构开发残疾人商业保险产品、财产信托等服务。

5. 完善残疾人社会福利制度和社会优待政策。全面落实困难残疾人生活补贴和重度残疾人护理补贴制度，普遍建立补贴标准动态调整机制，有条件的地方可按规定扩大对象范围。有条件的地方可以对城乡困难残疾人、重度残疾人基本型辅助器具适配给予补贴，为残疾人携带辅助器具、导盲犬等乘坐公共交通工具、出入公共场所和进出境提供便利。落实低收入残疾人家庭生活用水、电、气、暖优惠补贴政策和电信业务资费优惠政策。落实残疾人机动轮椅车燃油补贴政策，落实残疾人乘坐市内公共汽车电车、城市轨道交通等优待政策，鼓励铁路、民航等为残疾人提供优惠便利。完善残疾人驾驶机动车政策。加强残疾孤儿、事实无人抚养残疾儿童医疗、康复、教育等服务，合理确定包括残疾孤儿、事实无人抚养残疾儿童在内的孤儿、事实无人抚养儿童等基本生活费标准，提升儿童福利机构安全管理水平和服务质量。加快建设精神卫生福利服务体系，为特殊困难精神残疾人提供康复、照护等服务。逐步实现在内地长期居住的港澳台地区残疾人享有居住地普惠性社会保障和公共服务。

6. 保障残疾人基本住房安全便利。优先解决低收入残疾人家庭住房安全问题。持续支持符合条件的农村低收入残疾人家庭实施危房改造，对符合条件的城镇残疾人家庭优先配租公租房，不断改善残疾人居住条件。城镇保障性住房建设、农村危房改造统筹考虑无障碍设施设备建设安装。

7. 落实残疾军人和伤残民警抚恤优待政策。构建科学化残疾评鉴、制度化退役安置、规范化收治休养、标准化待遇保障的伤病残军人安置管理和服务优待体系，合理确定残疾军人抚恤金标准，妥善解决伤病残军人生活待遇、子女入学等现实困难。修订《军人抚恤优待条例》《人民警察抚恤优待办法》，加强相关抚恤优待工作，协调推动国家综合性消防救援队伍人员伤残优待政策落实落地。促进残疾军人、伤残民警残疾评定标准与国家残疾人残疾分类和分级标准合理衔接，保证残疾军人、伤残民警优先享受扶残助残政策待遇、普惠性社会保障和公共服务。

8. 加强重大疫情等突发公共事件中对残疾人的保护。推动公共卫生立法和突发公共事件应急预案保障残疾人等重点人群。制定重大疫情、自然灾害、安全事故等突发公共事件中残疾人社会支持和防护保护指南，研发适用于残疾人的专业救援技术和设备。加强残疾人集中场所和残疾人服务机构安全保障、应急服务、消防安全能力建设。村（社区）可以通过结对帮扶等方式，动员村（居）民协助残疾人更好应对突发灾害事故、及时疏散逃生。开展残疾人应急科普宣传，引导残疾人增强自救互救能力。

**专栏2　残疾人社会保障重点项目**

**一、资金类**

**1. 最低生活保障。**将符合条件的残疾人家庭全部纳入最低生活保障范围，低保边缘家庭的重度残疾人经本人申请参照单人户纳入低保范围。对纳入低保范围后生活仍有困难的残疾人和残疾人家庭，采取必要措施给予生活保障。

**2. 困难残疾人生活补贴和重度残疾人护理补贴。**完善困难残疾人生活补贴和重度残疾人护理补贴标准动态调整机制，补贴标准根据经济社会发展水平和残疾人生活保障需求、长期照护需求以及财政承受能力统筹确定，逐步完善补贴办法。推动两项补贴资格认定申请“跨省通办”，构建主动发现、精准发放、动态监管的智慧管理服务机制。

**3. 残疾人基本型辅助器具适配资助。**通过政府补贴等方式，对符合条件的残疾人适配辅助器具给予支持。

**4. 残疾人电信业务资费优惠。**合理降低残疾人使用移动电话、宽带网络等服务费用，减免残疾人使用助残公益类移动互联网应用程序（APP）流量资费。

**5. 残疾评定补贴。**为符合条件的低收入和重度残疾人残疾评定提供补贴和便利服务。

续表

| 专栏2　残疾人社会保障重点项目 |
| --- |
| **二、服务类**<br>1. 困难残疾人走访探视服务。村（居）委会和残疾人协会对困难残疾人开展经常性走访探视，发现问题及时报告，协助予以解决。<br>2. 低收入重度残疾人照护服务。低收入重度残疾人数量和服务需求较多的乡镇（街道）可建立集中照护服务机构；有条件的村（社区）依托公共服务设施，为符合条件的重度残疾人提供集中照护、日间照料、居家服务、邻里互助等多种形式的社会化照护服务。<br>3. 就业年龄段残疾人托养服务。乡镇（街道）根据需要建立残疾人托养服务机构，或依托党群服务中心、社区服务中心、社会福利机构、社会组织、企业等资源为就业年龄段智力、精神和重度肢体残疾人等为就业年龄段智力、精神和重度肢体残疾人等提供生活照料和护理、生活自理能力训练、社会适应能力训练、运动能力训练、职业康复与劳动技能训练、辅助性就业等服务。政府投资建设的市、县级残疾人托养服务机构要发挥示范作用。<br>4. 残疾人社会工作和家庭支持服务。开展残疾人社会工作服务，为残疾人建立社会支持网络，让更多残疾人有“微信群”、“朋友圈”。为残疾人家庭提供临时招呼“喘息服务”、心理辅导和康复、教育等专业指导。逐步在残疾人服务机构中设置社会工作岗位。<br>5. 重大疫情等突发公共事件中困难残疾人急难救助。对因疫情防控在家隔离的残疾人，落实包保联系人，加强走访探视，及时提供必要帮助。因突发事件等紧急情况，监护人暂时无法履行监护职责、被监护人处于无人照料状态的，被监护人住所地的村（居）委员会或者相关部门应当及时为被监护人提供必要的临时生活照护。 |

### （二）帮扶城乡残疾人就业创业，帮助残疾人通过生产劳动过上更好更有尊严的生活。

1. 完善残疾人就业法规政策。修订实施《残疾人就业条例》。落实残疾人就业支持政策，保障残疾人就业培训、就业服务、补贴奖励等相关资金投入。完善残疾人按比例就业制度，制定党政机关、事业单位、国有企业带头安置残疾人就业办法，合理认定按比例安排残疾人就业形式。加强残疾人就业促进政策与社会保障政策的衔接，纳入低保范围的已就业残疾人可按规定在核算其家庭收入时扣减必要的就业成本，并在其家庭成员人均收入超过当地低保标准后给予一定时间的渐退期。按照国家有关规定，对残疾人就业先进个人和用人单位予以表彰。

2. 多渠道、多形式促进残疾人就业创业。开展残疾人就业促进专项行动。对正式招录（聘）残疾人的用人单位按规定给予岗位补贴、社会保险补贴、职业培训补贴、设施设备购置改造补贴、职业技能鉴定补贴等扶持，对超比例安排残疾人就业的用人单位给予奖励。规范残疾人按比例就业年审并实现全国联网认证。落实残疾人集中就业单位税费优惠、政府优先采购等扶持政策，稳定残疾人集中就业。支持非营利性残疾人集中就业机构持续发展。在经营场地、设施设备、社会保险补贴、金融信贷等方面扶持残疾人自主创业、灵活就业，鼓励残疾人通过新就业形态实现就业。加大对“阳光家园”、“残疾人之家”等辅助性就业机构的支持保障力度，组织智力、精神和重度肢体残疾人等就业更为困难的残疾人就近就便参加生产劳动、进行职业康复、实现社会融合。统筹现有公益性岗位，安排符合条件的残疾人就业。修订《盲人医疗按摩管理办法》，推动省级盲人按摩医院建设，制定盲人保健按摩有关标准，扶持和规范盲人按摩行业发展。拓宽残疾人特别是盲人在文化艺术、心理卫生和互联网服务等领域就业渠道。为残疾人特别是聋人参加职业技能培训、就业创业提供无障碍支持服务。支持手工制作等残疾妇女就业创业项目，鼓励残疾人参与文化产业。扶持残疾人亲属就业创业，实现零就业残疾人家庭至少有一人就业。

**专栏3　残疾人就业补贴奖励重点项目**

**一、补贴类**

**1. 残疾人自主就业创业补贴。**对自主创业、灵活就业的残疾人，按规定给予经营场所租赁补贴、社会保险补贴、职业培训和创业培训补贴、设施设备购置补贴、网络资费补助、一次性创业补贴，对求职创业的应届高校残疾人毕业生给予补贴。

**2. 残疾学生见习补贴。**对符合条件的残疾学生在见习期间给予一定标准的补贴。

**3. 招录（聘）残疾人的用人单位补贴。**对正式招录（聘）残疾人的用人单位，按规定给予岗位补贴、社会保险补贴、职业培训补贴、设施设备购置改造补贴、职业技能鉴定补贴；对安排残疾人见习的用人单位给予一次性补贴。

**4. 辅助性就业机构补贴。**对残疾人辅助性就业机构给予一次性建设、场地租金、机构运行、无障碍环境改造、生产设备和辅助器具购置等补贴。

**5. 通过公益性岗位安排残疾人就业的用人单位补贴。**对通过公益性岗位安排残疾人就业并缴纳社会保险费的用人单位给予社会保险补贴。

续表

| 专栏3　残疾人就业补贴奖励重点项目 |
| --- |
| **二、奖励类**<br>1. 超比例安排残疾人就业奖励。对超比例安排残疾人就业的用人单位给予奖励。<br>2. 残疾人就业服务奖励。充分发挥残疾人就业服务中心、公共就业服务机构、劳务派遣公司、经营性人力资源服务机构在残疾人就业供需对接方面的作用，对推荐残疾人稳定就业一年以上的单位，按就业人数给予奖励。 |

3. 提升残疾人职业素质和就业创业能力。制定实施《残疾人职业技能提升计划（2021—2025年）》，帮助有就业愿望和培训需求的残疾人普遍得到相应的职业素质培训、就业技能培训、岗位技能培训和创业培训。继续开展农村残疾人实用技术培训。支持符合条件的残疾人技能大师建立工作室。开发线上线下相结合的残疾人职业技能培训优质课程资源。完善残疾人职业技能培训保障和管理制度。研究制定残疾人职业技能培训补贴标准。开发适合残疾人就业或为残疾人服务的新职业。举办第七届全国残疾人职业技能竞赛暨第四届全国残疾人展能节、全国残疾人岗位精英职业技能竞赛等残疾人职业技能竞赛，组团参加国际残疾人职业技能竞赛。

4. 改进残疾人就业服务。健全残疾人就业服务体系，充分发挥残疾人就业服务机构和各类公共就业服务平台、人力资源服务机构、社会组织作用，为残疾人和用人单位提供全链条、专业化、精准化服务。建立残疾人就业辅导员制度，扩大就业辅导员队伍。为高校残疾人毕业生建立就业帮扶工作台账，按照“一人一档”、“一人一策”要求重点帮扶。将符合条件的就业困难残疾人纳入就业援助范围，持续开展“就业援助月”等专项就业服务活动。加强各级残疾人就业服务机构规范化建设，明确保障条件、专业人员配备等要求。通过政府购买服务等方式开展残疾人就业服务，拓宽服务渠道，提高服务质量。举办残疾人职业人才交流、残疾人就业产品市场营销、残疾人就业创业成果展示等活动。

5. 维护残疾人就业权益。合理确定残疾人取得职业资格和公务员、事业单位人员等入职的体检条件，对于具有正常履行职责的身体条件和心理素质的残疾人，应依法保障其平等就业权益。用人单位应当为残疾职工提供适合其身心特点的劳动条件、劳动保护、无障碍环境及合理便利，在晋职、晋级、职称评定、社会保险、生活福利等方面给予其平等待遇。加强残疾人就业劳动监察，坚决防范和打击侵害残疾人就业权益的行为。

| 专栏4　残疾人就业服务重点项目 |
| --- |
| 1. **党政机关、事业单位按比例安排残疾人就业项目**。编制50人以上（含50人）的省级、地市级党政机关，编制67人以上（含67人）的事业单位（中小学、幼儿园除外），安排残疾人就业未达到规定比例的，2025年前至少安排1名残疾人。县级及以上残联机关干部队伍中要有15%以上（含15%）的残疾人。<br>2. **农村残疾人就业帮扶基地建设项目**。依托农村创业创新孵化实训基地和家庭农场、农民合作社、农业社会化服务组织等新型农业经营主体，扶持一批辐射带动能力强、经营管理规范、具有一定规模的残疾人就业帮扶基地，带动残疾人稳定就业、生产增收。<br>3. **残疾人职业技能培训和创业孵化基地建设项目**。依托企业、职业院校、社会培训机构等，建设一批残疾人职业技能培训和创业孵化基地，打造残疾人职业技能培训、实习见习和就业创业示范服务平台。<br>4. **盲人按摩提升项目**。大力推进盲人医疗按摩人员在医院、社区卫生服务机构等就业执业，完善职称评定有关规定。促进盲人保健按摩行业规范化、标准化、专业化、品牌化发展。<br>5. **残疾人新就业形态扶持项目**。鼓励互联网平台企业、中介服务机构等帮助残疾人参与网络零售、云客服、直播带货、物流快递、小店经济等新就业形态。<br>6. **残疾人辅助性就业项目**。加强残疾人辅助性就业机构能力建设，鼓励引导市场主体和社会力量提供辅助性就业服务，提升残疾人就业水平和质量。<br>7. **残疾人公益性岗位项目**。地方设立的乡村保洁员、水管员、护路员、生态护林员、社会救助协理员、农家书屋管理员、社区服务人员等公益性岗位优先安排残疾人。 |

（三）健全残疾人关爱服务体系，提升残疾人康复、教育、文化、体育等公共服务质量。

1. 加强残疾人健康服务。全面推进残疾人家庭医生签约服务，支持保障签约医生为残疾人提供基本医疗、公共卫生和健康管理等个性化服务。加强和改善残疾人医疗服务，为残疾人提供就医便利，维护残疾人平等就医权利。加强残疾人心理健康服务。关注残疾妇女健康，开展生殖健康服务。将残疾人健康状况、卫生服务需求与利用等纳入国家卫生服务调查，加强残疾人健康状况评估。

2. 提升残疾人康复服务质量。完善残疾人基本康复服务目录，继续实施精准康复服务行动，提升康复服务质量，满足残疾人基本康复服务需求。落实残疾儿童康复救助制度，合理确定康复救助标准，增加康复服务供给，确保残疾儿童得到及时有效的康复服务。加强精神卫生综合管理服务，广泛开展精神障碍社区康复。健全综合医院康复医学科、康复医院（康复医疗中心）、基层医疗卫生机构三级康复医疗服务体系。加强残疾人康复机构建设，完善全面康复业务布局，充实职业康复、社会康复、心理康复等功能。支持儿童福利机构增加和完善康复功能，配备相应的康复设备和专业技术人员，与医疗机构加强合作，提高康复医疗服务能力。加强社区康复，推广残疾人自助、互助康复，促进康复服务市场化发展。建成高起点、高水平、国际化的康复大学，加快培养高素质、专业化康复人才。完善康复人才职称评定办法。加强康复学科建设和科学技术研究，发挥中医药在康复中的独特优势，推动康复服务高质量发展。

3. 加快发展康复辅助器具服务。开展康复辅助器具产业国家综合创新试点。推广安全适用的基本型康复辅助器具，加快康复辅助器具创新产品研发生产，增强优质康复辅助器具供给能力，推动康复辅助器具服务提质升级。鼓励实施公益性康复辅助器具适配项目。完善康复辅助器具适配服务网络，加强各级康复辅助器具适配服务机构建设，支持社会力量及医疗、康复、养老机构和残疾人教育、就业、托养机构开展康复辅助器具适配服务。推广社区康复辅助器具租赁、回收、维修等服务。完善康复辅助器具标准体系，充分发挥标准对康复辅助器具产业的支持和引领作用。加强康复辅助器具产品质量检验认证。搭建产业促进和信息交流平台，继续办好中国国际福祉博览会等展示交流活动。

4. 强化残疾预防。制定实施残疾预防行动计划，结合残疾预防日、预防出生缺陷日、爱眼日、爱耳日、全国防灾减灾日等节点，广泛开展残疾预防宣传教育，形成全人群、全生命周期的残疾预防意识。加强出生缺陷综合防治，构建覆盖城乡居民，涵盖婚前、孕前、孕期、新生儿期和儿童期各阶段的出生缺陷防治体系，继续针对先天性结构畸形等疾病实施干预救助项目，预防和减少出生缺陷、发育障碍致残。大力推进0—6岁儿童残疾筛查，建立筛查、诊断、康复救助衔接机制。加强省、市、县三级妇幼保健机构能力建设，夯实县、乡、村儿童保健服务网络，不断提升儿童致残性疾病早发现、早诊断、早干预、早康复能力和效果。实施慢性病预防干预措施，开展重大慢性病早诊早治，减少慢性病致残。开展社会心理服务和社区心理干预，预防和减少精神残疾发生。开展防盲治盲、防聋治聋工作，加强对麻风病等传染病和碘缺乏病、大骨节病等地方病的防控。加强安全生产、消防安全和交通安全管理，加强道路交通安全执法和安全防护设施建设，加快公共场所急救设备配备，提高自然灾害和火灾现场应急处置能力、突发事件紧急医学救援能力和院前急救能力，防止老年人跌倒、儿童意外伤害致残，减少因灾害、事故、职业伤害等致残。

| 专栏5　残疾人健康和康复服务重点项目 |
| --- |
| 1. 残疾人精准康复服务行动。开展残疾人康复需求调查评估，为残疾人普遍提供基本康复服务，为家庭照护者提供居家康复、照护技能培训和支持服务。针对特困残疾人和残疾孤儿实施“福康工程”、孤儿医疗康复明天计划等康复服务项目。<br>2. 残疾儿童康复救助项目。为符合条件的残疾儿童提供手术、辅助器具适配、康复训练等服务。有条件的地区，可扩大残疾儿童康复救助年龄范围，也可放宽对救助对象家庭经济条件的限制，合理确定救助标准，提高康复质量。<br>3. 精神卫生综合管理服务。开展严重精神障碍患者日常发现、登记报告、随访管理、服药指导、社区康复、心理支持和疏导等服务，为家庭照护者提供技能培训、心理支持和疏导等服务。健全精神障碍社区康复服务体系，实现80%以上县（市、区、旗）开展精神障碍社区康复服务。 |

续表

| 专栏5　残疾人健康和康复服务重点项目 |
| --- |
| 4. 残疾人互助康复项目。推广脊髓损伤者"希望之家"、中途失明者"光明之家"、精神障碍患者家属专家交流互助等残疾人互助康复项目。<br>5. 康复辅助器具产业培育项目。鼓励康复辅助器具企业转型升级和并购重组，做大做强龙头企业，带动产业发展。<br>6. 康复专业人才培养项目。加强康复医疗人才队伍建设，开展残疾人康复专业技术人员规范化培训。将康复专业纳入全科医生、家庭医生、村医等培养培训内容。<br>7. 康复大学建设项目。建成高起点、高水平、国际化的康复大学，加强学科建设，加快培养高素质康复人才，推动现代康复医学基础研究。 |

5. 健全残疾人教育体系。坚持立德树人，促进残疾儿童少年德智体美劳全面发展。制定实施《第三期特殊教育提升计划（2021—2025年）》。巩固提高残疾儿童少年义务教育水平，加快发展非义务教育阶段特殊教育。健全普通学校随班就读支持保障体系，发挥残疾人教育专家委员会作用，实现适龄残疾儿童少年"一人一案"科学教育安置。着力发展以职业教育为重点的残疾人高中阶段教育，使完成义务教育且有意愿的残疾青少年都能接受适宜的中等职业教育。稳步推进残疾人高等教育，支持有条件的高校面向残疾考生开展单考单招，为残疾人接受高等教育提供支持服务。开展残疾人融合教育示范区、示范校和优秀教育教学案例遴选。支持高校开展残疾人融合教育。落实从学前到研究生教育全覆盖的学生资助政策，对家庭

经济困难的残疾学生（幼儿）予以资助。为残疾学生提供辅助器具、特殊学习用品、康复训练和无障碍等支持服务，为残疾学生参加国家教育考试和部分职业考试提供合理便利。

6. 完善特殊教育保障机制。发挥高校等机构特殊教育专业优势，建设国家和省级特殊教育资源中心（基地）。各省（自治区、直辖市）根据残疾学生规模、类型、分布等情况，因地制宜合理配置特殊教育资源。支持符合条件的儿童福利机构单独设立特教班、特教幼儿园、特教学校开展特殊教育。继续改善特殊教育学校办学条件，加强特殊教育学校规范化建设，推行新课标新教材，改革教学教研，建立学校、家庭、社会协同育人机制。加强特殊教育师资队伍建设，创新培养方式，按国家有关规定开展表彰奖励，提升教书育人能力素质。加强特殊教育督导和质量监测评估。制定实施《第二期国家手语和盲文规范化行动计划（2021—2025 年）》，加快推广国家通用手语和国家通用盲文。

**专栏6　残疾人教育重点项目**

1. **残疾儿童少年义务教育巩固提高项目**。县（市、区、旗）规范设立残疾人教育专家委员会，对适龄残疾儿童少年入学需求进行排查和评估，给予科学教育安置。推动各地规范送教上门工作。

2. **残疾幼儿学前康复教育发展项目**。鼓励普通幼儿园招收具有接受普通教育能力的残疾幼儿，支持特殊教育学校、残疾儿童康复机构、儿童福利机构开展学前康复教育，有条件的地方建立残疾儿童学前康复教育机构，加强公办残疾儿童学前康复教育机构建设，支持视力、听力、智力残疾儿童和孤独症儿童接受学前康复教育。

3. **残疾人职业教育提升项目**。支持普通职业院校招收残疾学生。支持特殊教育学校与普通职业院校联合开展残疾人职业教育。鼓励各省（自治区、直辖市）至少办好一所面向全省（自治区、直辖市）招生的残疾人中等职业学校。支持中高等职业学校（含特教学校中职部）加强实训基地建设，为残疾学生实习实训提供保障和便利。

4. **融合教育推广项目**。鼓励普通学校招收具有接受普通教育能力的残疾儿童少年，同等条件下在招生片区内优先安排残疾儿童少年就近就便入学。设置随班就读区域资源中心或资源教室，配备必要的教育教学、康复训练设施设备和专业人员。

5. **特殊教育师资培养项目**。师范类院校和综合性院校的师范专业开设特殊教育课程。加强评估，提高师范类院校特殊教育专业质量和水平。实施特殊教育学校校长、特殊教育骨干教师和融合教育骨干教师培训项目。改进培养模式，加大中西部地区特殊教育教师定向培养力度。鼓励高校面向一线教师开展特殊教育专业硕士研究生教育。支持高校残疾人毕业生从事特殊教育。

6. **手语盲文推广项目**。丰富国家通用手语，加强手语翻译认证审核和注册管理，开展面向公共服务行业的国家通用手语推广。加强国家手语和盲文研究中心建设，依托华夏出版社和中国盲文出版社建设国家通用手语数字推广中心、国家通用盲文研究和推广中心。加强手语盲文研究推广人才培养。推动盲文数字化出版。推进国家通用手语、国家通用盲文在特殊教育教材中的应用。

7. 提升残疾人公共文化服务。鼓励残疾人参加“书香中国·阅读有我”等公共文化活动，持续开展“残疾人文化周”、“共享芬芳·共铸美好”等残疾人群众性文化艺术活动，推动基层创建一批残健融合文化服务示范中心（站、点），不断满足残疾人文化需求、增强残疾人精神力量。加强中西部和农村地区重度残疾人文化服务，为盲人、聋人提供无障碍文化服务。鼓励电视台、广播电台、网络视听媒体和融媒体中心开设残疾人专题节目。发展特殊艺术，鼓励残疾人参与文化艺术创作和非物质文化遗产传承，扶持残疾人题材图书等出版。扶持残疾人特殊艺术人才和师资培养。举办第十届、第十一届全国残疾人艺术汇演，举办国际特殊艺术交流活动。扶持中国残疾人艺术团和地方残疾人文艺小分队开展基层巡演。

8. 推动残疾人体育全面发展。筹办好北京冬残奥会，实现“简约、安全、精彩”目标。实施残疾人奥运争光行动，不断提高竞技水平，在北京冬残奥会和东京残奥会等重大国际赛事上力争好成绩。办好杭州亚残运会和第十一届、第十二届全国残运会暨特奥会等重大赛事。实施残疾人康复健身体育行动，将残疾人作为重点人群纳入全民健身公共服务体系建设，组织残疾人参加各级各类全民健身活动，推动残疾人康复健身体育身边化服务。加强残疾人体育运动保护研究。

**专栏7　残疾人文化、体育服务重点项目**

**一、残疾人文化服务**

1. **“五个一”文化进家庭、进社区项目。**为重度残疾人家庭开展“五个一”（读一本书、看一场电影、游一次园、参观一次展览、参加一次文化活动）文化服务。依托新时代文明实践中心和基层文化设施，增添必要的文化设备，推动基层创建一批残健融合文化服务示范中心（点、站）。

2. **盲人文化服务项目。**为盲人提供盲文读物、有声读物、大字读物、数字阅读、无障碍电影电视剧等产品和服务。继续开展盲人数字阅读推广工程。推动公共图书馆盲人阅览室（区）建设，加强中国盲文图书馆和分支馆建设，增加公共图书馆盲文图书和视听文献资源。鼓励电影院线、有线电视提供无障碍影视服务。

3. **聋人文化服务项目。**鼓励影视作品、网络视频加配字幕，鼓励有条件的省市级电视台开播国家通用手语和实时字幕栏目。

4. **网络视听媒体文化服务项目。**加强残疾人融媒体平台建设，依托网络视听媒体开设残疾人文化宣传专题节目。

5. **特殊艺术推广项目。**支持中国残疾人艺术团创编精品舞台演出剧目，培育“我的梦”特殊艺术品牌。鼓励残疾人参与文化艺术创作，支持残疾儿童少年艺术教育。

6. **残疾人文化产业发展项目。**扶持一批吸纳较多残疾人就业、具有较好市场发展前景的文化产业基地。

**二、残疾人体育发展**

1. **残疾人奥运争光行动。**完善训练、科研、医疗等复合型支撑团队，提高国家残疾人体育训练基地保障服务能力，不断提升残疾人竞技体育水平。

2. **残疾人康复健身体育行动。**推广适合残疾人的康复健身体育项目、方法和器材，设立残疾人自强康复健身示范点，培养残疾人康复健身社会体育指导员。为重度残疾人提供康复体育进家庭服务。组织举办“残疾人冰雪运动季”、“残疾人健身周”、“全国特奥日”等群众性体育品牌活动。

9. 大力发展残疾人慈善事业和服务产业。鼓励残联、工会、共青团、妇联、科协等群团组织和社会组织、企事业单位等实施助残慈善项目。深入开展"青年志愿者助残阳光行动"、"关心我的残疾人邻居"、"牵着蜗牛去散步"和"集善优品"消费助残等志愿服务关爱行动。培育"集善工程"、"通向明天"等残疾人慈善事业品牌。生活服务业发展布局充分考虑残疾人需求，加快康复辅助器具、康复教育、托养照护、生活服务、无障碍、文化休闲等残疾人服务业发展，满足残疾人多元化、多层次品质生活需求。采取政府购买服务、政府和社会资本合作等方式，加快培育助残社会组织和企业，吸引社会力量和市场主体参与残疾人服务。

10. 加强残疾人服务标准化和行业管理。细化残疾人基本公共服务项目的设施建设、功能布局、施工规范、设备配置、人员配备、服务流程、管理规范等软硬件标准要求，完善标准体系，加强标准间统筹衔接和基层设施设备共建共享。加强康复、托养等残疾人服务行业管理，全面开展绩效评价，支持残疾人和残疾人亲属参与评价。在场地、设备、人才、技术等方面扶持各类残疾人服务机构发展，优先扶持公益性、普惠性残疾人服务机构，支持残疾人服务机构连锁化、品牌化运营。开展残疾人服务需求评估和服务资源调查，为残疾人提供适合的产品和服务。严格规范残疾评定和残疾人证核发管理，全面推行残疾人证电子证照应用，实现"跨省通办"。

（四）保障残疾人平等权利，为残疾人提供无障碍环境和便利化条件。

1. 提高残疾人事业法治化水平。落实宪法、民法典等法律法规关于保障残疾人权益的规定，健全残疾人权益保障法律法规体系，推动残疾人保障法等法律法规有效实施。涉及残疾人的立法应充分论证，开展反残疾歧视评估，广泛征询残疾人、残疾人组织和社会各方面意见。研究完善残疾人就业、无障碍环境建设法律制度，开展残疾人社会保障、残疾人成人监护等立法研究。将残疾人保障法等相关法律法规宣传教育纳入“八五”普法，认真落实“谁执法、谁普法”普法责任制，加大全媒体普法宣传力度。配合各级人大、政协开展残疾人保障法等法律法规执法检查、视察和调研。支持各地制定保护残疾人权益的地方性法规和优惠扶助规定。

2. 创新残疾人法律服务和权益维护。开展残疾人尊法学法守法用法专项行动。将残疾人作为公共法律服务的重点对象，完善公共法律服务平台无障碍功能，依据国家有关规定扩大残疾人法律援助覆盖面，重点提升残疾人法律援助质量。完善残疾人法律救助工作协调机制，培养助残公益律师队伍，开展法律援助志愿助残行动，为残疾人提供及时有效的法律救助服务。加强对残疾人的司法保护，方便残疾人诉讼。发挥“12385”残疾人服务热线和网络信访平台作用，建立健全残疾人权益维护应急处置机制。坚决打击侵害残疾人权益的违法犯罪行为。不断拓宽残疾人和残疾人组织民主参与、民主协商渠道，有效保障残疾人的知情权、参与权、表达权、监督权，支持更多残疾人、残疾人亲友和残疾人工作者进入各级人大、政协并提供履职便利。

3. 提升无障碍设施建设管理水平。新建设施严格执行无障碍相关标准规范。在乡村建设行动、城市更新行动、城镇老旧小区改造和居住社区建设中统筹推进无障碍设施建设和改造。城市道路、公共交通、社区服务设施、公共服务设施和残疾人服务设施、残疾人集中就业单位等加快开展无障碍设施建设和改造。提高残疾人家庭无障碍改造水平。加快推广无障碍公共厕所。探索传统无障碍设施设备数字化、智能化升级。开展无障碍市县村镇达标验收工作。提高无障碍设施规划建设管理水平，推进无障碍设计设施认证工作，提高全社会无障碍意识，加强无障碍监督，保障残疾人、老年人等通行安全和使用便利。

4. 加快发展信息无障碍。将信息无障碍作为数字社会、数字政府、智慧城市建设的重要组成部分，纳入文明城市测评指标。推广便利普惠的电信服务，加快政府政务、公共服务、电子商务、电子导航等信息无障碍建设，加快普及互联网网站、移动互联网应用程序和自助公共服务设备无障碍。推进智能化服务要适应残疾人需求，智能工具应当便于残疾人日常生活使用。促进信息无障碍国家标准推广应用，加强对互联网内容可访问性的测试、认证能力建设，开展互联网和移动互联网无障碍化评级评价。支持研发生产科技水平高、性价比优的信息无障碍终端产品。

**专栏8　无障碍重点项目**

**一、无障碍设施**

1. **道路交通无障碍**。城市主要道路、主要商业区和大型居住区的人行天桥和人行地下通道配备无障碍设施，人行横道交通信号灯逐步完善无障碍服务功能。公共停车场和大型居住区的停车场设置并标明无障碍停车位。民用航空器、客运列车、客运船舶、公共汽车电车、城市轨道交通车辆等公共交通工具逐步配备无障碍设备。

2. **公共服务设施无障碍**。加快推动医疗、教育、文化、体育、交通、金融、邮政、商业、旅游、餐饮等公共服务设施和特殊教育、康复、托养、社会福利等残疾人服务设施、残疾人集中就业单位无障碍改造。

3. **社区和家庭无障碍**。居住建筑、居住社区建设无障碍设施。为困难重度残疾人家庭实施无障碍改造。

4. **无障碍公共厕所**。加快推进公共服务设施、交通设施、旅游景区等无障碍公共厕所建设。

**二、信息无障碍**

1. **互联网和移动互联网应用程序信息无障碍**。加快政府门户网站、政务服务平台和网上办事大厅信息无障碍建设。推动新闻资讯、社交通讯、生活购物、医疗健康、金融服务、学习教育、旅游出行等互联网网站、移动互联网应用（APP）的无障碍改造。

2. **自助服务终端信息无障碍**。推进自动售卖设备、医院自助就医设备、银行自动柜员机、地铁自助检票设备、机场自助值机设备等自助公共服务设备的无障碍改造。

3. **食品药品说明信息无障碍**。利用图像识别、二维码等技术加快食品药品信息识别无障碍。

续表

| 专栏8　无障碍重点项目 |
| --- |
| 4. 应急服务信息无障碍。把国家通用手语、国家通用盲文作为应急语言文字服务内容，政府新闻发布会和电视、网络发布突发公共事件信息时加配字幕和手语，医院、疏散避险场所和集中隔离场所等设置语音、字幕等信息提示装置。<br>**三、无障碍服务**<br>政府新闻发布会配备同步速录字幕、手语翻译，鼓励政务服务大厅和公共服务场所为残疾人提供字幕、手语、语音等服务。支持地方建设听力、言语残疾人无障碍信息服务平台。 |

5. 营造全社会助残和残疾人自强的文明社会氛围。深入开展习近平新时代中国特色社会主义思想学习教育，学习宣传习近平总书记关于残疾人事业的重要指示批示精神，坚持以社会主义核心价值观为引领，加强新时代中国特色残疾人事业理论和实践研究，厚植残疾人事业发展的思想文化基础。将扶残助残纳入公民道德建设、文明创建活动和新时代文明实践中心建设，弘扬人道主义精神和扶残助残传统美德，营造理解、尊重、关心、帮助残疾人的文明社会氛围。激发残疾人自强不息精神，鼓励残疾人自尊、自信、自强、自立。加强残疾人事业全媒体传播能力建设，办好全国助残日、国际残疾人日和全国残疾人事业好新闻作品评选等主题宣传活动，支持残疾人题材优秀纪录片、公益广告、网络视听节目制作播出。开展“全国自强模范”和助残先进评选表彰。

（五）完善支持保障条件，促进残疾人事业高质量发展。

1. 强化党委领导、政府负责的领导体制。加强党对残疾人工作的领导，确保习近平总书记关于残疾人事业的重要指示批示精神和党中央、国务院决策部署有效落实，为残疾人事业发展提供坚强政治保障。完善党委领导、政府负责、部门协同、社会参与、市场推动、残疾人组织充分发挥作用的领导体制和工作机制，各级政府残疾人工作委员会统筹协调，有关部门分工协作、履职尽责，形成协同高效的工作合力。

2. 健全多元化投入格局。各级政府按规定做好残疾人事业经费保障。加快构建预算绩效管理体系，资金原则上优先保障实施效果好、残疾人满意度高的项目。落实残疾人事业金融、税收等支持政策，吸引社会资本、慈善捐赠等资金，形成多渠道、多元化投入格局。

3. 加强基础设施和信息化建设。实现有条件的县（市、区、旗）残疾人服务设施全覆盖，促进服务设施规范运营和发挥效益。地方可对新建民办残疾人康复和托养机构给予支持。鼓励地方将政府投资建设的残疾人服务设施无偿或低价提供给公益性、普惠性残疾人服务机构使用。乡镇（街道）、村（社区）为残疾人服务提供场地保障。加强特殊教育学校、残疾人服务设施和基层残疾人组织的信息基础设施建设。推动残疾人基本公共服务项目纳入各地政务服务“一网通办”平台、社会保障卡等加载残疾人服务功能。坚持传统服务方式与智能化服务创新并行，建立线上线下相结合的残疾人服务体系，推动数字化服务在助残中的普惠应用。完善残疾人口基础数据，改进残疾人服务需求和服务供给调查统计，加强残疾人服务大数据建设。

4. 加快科技创新和人才培养。将科技助残纳入科技强国行动纲要，促进生命健康、人工智能等领域科学技术在残疾人服务中示范应用，开展残疾预防、主动健康、康复等基础研究，扶持智能化康复辅助器具、康复设备、盲文数字出版、无障碍等领域关键技术研究和产品推广应用。利用现有资源研究设立康复国家重点实验室，鼓励企业、高校、科研院所等参与残疾人服务科技创新和应用。推动建立从中职、高职到本科、硕士、博士等较为完整的残疾人服务相关专业人才培养体系，鼓励有条件的职业院校和普通本科院校增设康复治疗、康复工程技术、特殊教育、手语、盲文等相关专业，加强残疾人服务从业人员职业能力建设和职称评定，加快培养残疾人康复、教育、就业、托养照护、文化、体育、社会工作等专业人才队伍。

| 专栏9　基础设施、信息化和科技创新重点项目 |
| --- |
| 1. **残疾人服务设施兜底线工程项目**。继续支持残疾人康复、托养等服务设施建设，配置专业设备和器材。支持集中安置盲人医疗按摩人员执业的按摩专科医院建设。<br>2. **特殊教育学校提升项目**。鼓励20万人口以上的县（市）独立设置特殊教育学校，有条件的省（自治区、直辖市）建立孤独症儿童特殊教育学校。各省（自治区、直辖市）扶持一所残疾人职业院校建设提升实训基地。<br>3. **精神卫生福利设施建设项目**。优化精神卫生社会福利机构布局，改善现有设施条件，在精神卫生服务能力不足的地区建设100个左右精神卫生福利设施，逐步形成布局合理、功能完善的精神卫生福利设施体系，为困难精神障碍患者提供集中照护、康复服务。<br>4. **互联网康复项目**。建立线上线下相结合的康复服务平台，支持"爱心阳光"中国残疾人综合服务云平台和华夏云课堂建设，为基层康复机构、残疾人、残疾儿童少年及其家长提供指导和服务。<br>5. **残疾人就业创业网络服务平台项目**。完善全国残疾人职业技能培训管理系统、就业服务管理系统、按比例就业年审系统和盲人医疗按摩人员管理系统，保障有效运行。<br>6. **残疾人服务大数据建设项目**。建设残疾人口基础信息和服务需求、服务资源信息数据库，实现与政府有关部门数据的联通共享，推动精准化服务和精细化管理。<br>7. **科技助残项目**。实施相关科技计划项目，开展智能助听、中高端假肢、儿童康复机器人、基于智慧城市的无障碍等技术研发，推动3D盲文绿色印刷生产、语音字幕实时转换、智能化轮椅、柔性可穿戴外骨骼辅助机器人等技术和产品推广应用。 |

5. 促进残疾人事业城乡、区域协同发展。结合乡村建设行动，加强和改善农村残疾人服务。强化县城残疾人综合服务能力。城镇公共服务设施辐射带动乡村残疾人服务，引导鼓励城镇残疾人服务资源向乡村延伸。城镇残疾

人基本公共服务逐步覆盖常住人口。促进中西部、东北地区残疾人事业加快发展，鼓励东部地区探索率先实现残疾人事业现代化。支持革命老区、民族地区、边疆地区残疾人事业加快发展。促进京津冀残疾人事业协同发展，提升长江经济带、黄河流域残疾人事业整体水平，发挥粤港澳大湾区残疾人事业高质量发展先行示范作用，推进长三角残疾人公共服务便利共享。鼓励各地发挥地方优势创新残疾人保障和发展措施。

6. 增强基层为残疾人服务的能力。将残疾人公共服务纳入县（市、区、旗）、乡镇（街道）政府公共服务事项清单和村（居）委会承担的社区工作事项清单及协助政府的社区工作事项清单。实施县域残疾人服务能力提升行动，建设县、乡、村三级联动互补的基层残疾人服务网络。县（市、区、旗）明确残疾人基本公共服务实施标准，开展残疾人需求评估，加强服务资源统筹。乡镇（街道）普遍建立“阳光家园”、“残疾人之家”等服务机构，开展残疾人集中照护、日间照料、社区康复、辅助性就业等服务。将残疾人服务纳入城乡社区治理和服务体系建设，村（居）委会将残疾人作为重点服务对象，加强走访探视，根据残疾人需求协助政府做好集中照护、日间照料、居家服务、邻里互助、安全提示、辅助性就业、社会工作等服务，实现“乡乡有机构、村村有服务”。针对残疾人特殊困难推行上门办、网上办、就近办、一次办等便利化服务。发现侵犯残疾人合法权益的违法犯罪行为，及时报告并采取有效措施加以解决。支持各类社会组织在城乡社区有序开展助残服务。

7. 发挥残疾人组织桥梁纽带作用。各级残联要深入学习贯彻习近平新时代中国特色社会主义思想和习近平总书记关于残疾人事业的重要指示批示精神，以政治建设为统领，落实党的建设、全面从严治党各项任务，进一步增强“四个意识”、坚定“四个自信”、做到“两个维护”。发扬优良传统，履行好残联的“代表、服务、管理”职能，为残疾人解难，为党和政府分忧，把残疾人群众紧紧凝聚在党的周围，听党话、跟党走。深化各级残联改革建设，加强服务创新，增强工作活力。强化县（市、区、旗）和乡镇（街道）残联建设，实现村（社区）残疾人协会全覆盖。改善乡镇（街道）残联、村（社区）残协专职委员待遇，提高其履职能力。支持残疾人专门协会建设，发挥“代表、服务、维权、监督”职能。通过专兼挂等多种方式增强残疾人工作力量，培养忠诚、干净、担当，懂残疾人、知残疾人、爱残疾人、心系残疾人的高素质残联干部队伍。重视各级残联残疾人干部、年轻干部、基层干部培养选拔。加强各级残联党风廉政建设和反腐败斗争。广大残疾人工作者要不忘初心、牢记使命，自觉践行好干部标准，恪守职业道德，加强思想修养，提高专业素质，全心全意为残疾人服务。

8. 积极营造残疾人事业发展的良好国际环境。服务国家外交大局，履行联合国《残疾人权利公约》，落实2030年可持续发展议程涉残疾人可持续发展目标，参与国际残疾人事务。务实开展“一带一路”残疾人群体交流和残疾人事务合作，深化与重点国家及周边国家和地区残疾人事务合作。继续开展“亚太残疾人十年”等残疾人事务区域合作，支持康复国际等国际残疾人组织发挥作用。加强对外宣传，讲好中国残疾人故事，展示我国残疾人人权保障和发展成就。

## 四、实施机制

实施好本规划是各级政府和全社会的责任。国务院有关部门和单位要根据职责分工制定配套实施方案，各地区要依据本规划制定当地“十四五”残疾人保障和发展（或残疾人事业）规划，确保各项任务落到实处。

国务院残疾人工作委员会及有关部门要对规划实施情况进行年度监测、中期评估和总结评估，开展第三方评估和社会满意度调查，及时发现和解决规划实施中出现的问题。各地区要将当地“十四五”残疾人保障和发展（或残疾人事业）规划实施情况纳入政府工作考核。省级以上政府残疾人工作委员会要在“十四五”期末对规划实施情况进行评估总结，按照国家有关规定对先进典型予以表彰。

# 国务院印发《“十四五”残疾人保障和发展规划》

新华社北京7月23日电　国务院日前印发《“十四五”残疾人保障和发展规划》（以下简称《规划》）。

《规划》指出，“十四五”时期要坚持以习近平新时代中国特色社会主义思想为指导，贯彻落实习近平总书记关于残疾人事业的重要指示批示精神和党中央、国务院决策部署，立足新发展阶段、贯彻新发展理念、构建新发展格局，坚持弱有所扶，以推动残疾人事业高质量发展为主题，以巩固拓展残疾人脱贫攻坚成果、促进残疾人全面发展和共同富裕为主线，保障残疾人平等权利，增进残疾人民生福祉，增强残疾人自我发展能力，推动残疾人事业向着现代化迈进，不断满足残疾人美好生活需要。

《规划》明确“十四五”时期残疾人事业的指导原则：坚持党的全面领导，坚持以人民为中心，坚持保基本、兜底线，坚持固根基、提质量，坚持统筹协调、形成合力。《规划》提出，到2025年，残疾人脱贫攻坚成果巩固拓展，生活品质得到新改善，民生福祉达到新水平；到2035年，残疾人事业与经济社会协调发展，与国家基本实现现代化目标相适应，残疾人的全面发展和共同富裕取得更为明显的实质性进展。

《规划》提出以下重点任务：一是完善残疾人社会保障制度，为残疾人提供更加稳定更高水平的民生保障；二是帮扶城乡残疾人就业创业，帮助残疾人通过生产劳动过上更好更有尊严的生活；三是健全残疾人关爱服务体系，提升残疾人康复、教育、文化、体育等公共服务质量；四是保障残疾人平等权利，为残疾人提供无障碍环境和便利化条件。《规划》还从8个方面完善支持保障条件，包括强化党委领导、政府负责的领导体制，健全多元化投入格局，加强基础设施和信息化建设，加快科技创新和人才培养，促进残疾人事业城乡、区域协同发展，增强基层为残疾人服务的能力，发挥残疾人组织桥梁纽带作用，积极营造残疾人事业发展的良好国际环境。

《规划》要求，国务院有关部门和单位要根据职责分工制定配套实施方案；各地区要制定当地“十四五”残疾人保障和发展（或残疾人事业）规划，并将规划实施情况纳入政府工作考核；国务院残疾人工作委员会及有关部门要对规划实施情况进行年度监测、中期评估和总结评估，开展第三方评估和社会满意度调查；省级以上政府残疾人工作委员会要在“十四五”期末对规划实施情况进行评估总结。

# 一、总体要求

到2025年，残疾人脱贫攻坚成果巩固拓展，生活品质得到新改善，民生福祉达到新水平。多层次的残疾人社会保障制度基本建立，残疾人基本民生得到稳定保障，重度残疾人得到更好照护。多形式的残疾人就业支持体系基本形成，残疾人实现较为充分较高质量的就业。均等化的残疾人基本公共服务体系更加完备，残疾人思想道德素养、科学文化素质和身心健康水平明显提高。无障碍环境持续优化，残疾人在政治、经济、文化、社会、家庭生活等各方面平等权利得到更好实现。残疾人事业基础保障条件明显改善，质量效益不断提升。

# 巩固拓展残疾人脱贫攻坚成果，促进残疾人公共服务高质量发展

**国务院残工委副主任、中国残联主席张海迪在国务院残工委第四次全体会议上的发言节选**

（2021 年 4 月 27 日）

十三届全国人大四次会议通过的国家“十四五”规划和 2035 年远景目标纲要，对完善残疾人福利制度、提高康复服务质量、筹办好北京冬残奥会等做出了明确部署安排，为未来五年残疾人事业的发展提供了遵循。

“十四五”时期，中国残联将按照习近平总书记关于“残疾人事业一定要继续推动”的重要指示，发挥好“代表、服务、管理”职能，在全面推进乡村振兴方面，维护好残疾人的发展权。我们要加强研究怎样帮助残疾人解决发展中遇到的问题、怎样巩固脱贫攻坚成果、不断提高残疾人的生活质量，特别是让困难和重度残疾人没有后顾之忧，在住房、医疗、康复、托养方面有更好的保障。只有解决了这些问题，才能真正实现残疾人逐步参与融合社会。过去我们工作的重点是解决残疾人的生存权问题，如“两不愁、三保障”和“两项补贴”等，是解决残疾人的基本生活。今天，在取得脱贫攻坚的胜利之后，我们要在残疾人脱贫的基础上，为他们描绘更加美好的前景。

做残疾人工作，首先要研究怎样消除残疾的痛苦和障碍。从

残疾人整体看，就业是残疾人事业发展中的最大困难，能够稳定就业的人还是少数。所以，我们要加强残疾与障碍问题的研究和解决。因为残疾，所以障碍；因为障碍，所以就业难、收入低、生活质量低，还有其他各种困难。要在根本上解决问题，我认为依然要做到康复优先，康复是实现融合社会，实现教育、就业的基本条件。

今年和“十四五”时期，我们恳请各成员单位关心以下几个方面的工作：

## 一、巩固拓展残疾人脱贫攻坚成果

残疾人是特别需要帮扶的，很多人不能像健康人一样具有可持续发展的能力，因此返贫致贫风险高，一些低收入残疾人生活还比较困难，重度残疾人还要照护和托养。帮助困难残疾人过上有质量的生活将是长期的任务。希望有关部门建立健全防止残疾人返贫监测和帮扶机制，继续促进城乡残疾人就业创业，维护残疾人的发展权。

国家“十四五”规划明确提出“开展重度残疾人托养照护服务”，这是多少残疾人家庭的期盼。“十三五”时期，河南驻马店和南阳、河北衡水等地创造了一些残疾人托养照护服务的模式和经验。我们要继续配合民政、卫健委等部门，推广这些好经验，通过集中照护、日间照料、邻里互助和居家服务等各种形式，让重度残疾人得到更好的照顾。

## 二、促进残疾人公共服务高质量发展

康复是残疾人最迫切的需求，只有康复了，生活才能真正得到改善，家庭幸福指数才能提高。近年来，虽然康复服务覆盖率在不断提高，但总的来看还不充分、不均衡，专业化也不够。

有一个问题特别值得重视。今年4月2日是第14个“孤独症关注日”，据学术机构统计推算，我国的孤独症患者大约有1000万人。目前在世界上，孤独症病因不明，没有药物可治疗，也没有更好的康复办法。管理和护理孤独症患者非常困难，因为他们不会表达意愿，不与他人交流，想要什么便发出尖叫，或以破坏性行为表达自己。有的孩子会整夜嚎叫，有一对夫妇因此带患病的孩子搬到远离人群的地方，为了守护孩子筋疲力尽。这种家庭太痛苦了，付出的牺牲太大了。很多孤独症孩子的家长说，我们担心的是我们老了、走了，孩子怎么办？全国有很多民办的孤独症儿童康复机构，都是由孤独症孩子的家长发起创办的，因为他们懂得这种痛苦。现在需要解决的问题是，怎样对公办和民办的孤独症康复机构进行规范，制定标准，更希望国家建设优质的孤独症康复指导中心，培养专门人才。我曾在残工委会议上建议，建立康复国家重点实验室，今天我再一次提出这个建议。我们要加强脑科学研究，这是残疾预防和康复的基础工作之一。要从根本上解决残疾问题，就要做好残疾预防和康复，做好基础研究，高度重视，加大投入，通过坚持不懈的努力，用最先进的科技和康复技术提高生命质量。这也是健康中国战略的内容。

长期以来，残疾人康复最突出的问题就是专业人才匮乏。康复大学建设纳入“十三五”规划，今年，建成康复大学又纳入“十四五”规划，预计今年底完成校园建设。康复大学已与几所大学联合招收了26名博士研究生，我们的理想正在变成现实，但这只是一个良好的开端。现在，还有几个方面的工作希望得到有关成员单位的支持：一是希望中央财政加大投入。虽然康复大学办学主体为山东省，但这是我国第一所专门培养康复人才的大学，服务的是国家战略。希望中央财政能够通过基础设施建设、支持高校改革发展等渠道对康复大学予以重点支持；二是希望将康复医学设立为一级学科，构建一流学科体系，培养急需康复人才；三是加快建立康复人才执业准入和职称晋升系列制度。康复是崇高的职业，建立健全康复人才的职称晋升制度，使从业者有归属感、荣誉感。康复大学建设一定会促进康复事业高质量高水平发展，让康复为健康中国战略发挥更大的作用。

## 三、鼓励吸引社会力量参与残疾人事业

社会力量和市场主体在残疾人服务提供中发挥着越来越重要的作用。我国有8500万残疾人，我们正在进入老龄化社会，老年人有两亿多，其中有4400万失能和半失能老年人。怎样帮助残疾人和老年人生活便利、有尊严，是我们面临的巨大挑战。今后几年，很多人都需要或将需要护理和辅助器具，比如，照料护理、帮助行走、康复训练，希望研发更多的翻身床、智能家居、各种辅助器具等，保障残疾人和老年人过上有质量的生活。但目前辅助器具的研发生产还远远不能适应社会的需要，亟待加强。希望在“十四五”期间高度重视辅助器具的研发工作，建设有规模、高标准、多样化的辅助器具研发和生产基地，让辅助器具有更高的科技含量，为残疾人更好地融合社会，为老年人生活更方便创造条件。

## 四、筹办好北京冬残奥会，实现“简约、安全、精彩”目标

在此，恳请各成员单位在残疾人运动员疫情防控、训练、场地、出国参赛、反兴奋剂工作等方面继续提供保障和支持。同时，

我们恳请国家体育总局在选定2025年全国运动会举办地时一并考虑残运会和特奥会，确保同城同期举办。

中国残联将始终牢记初心使命，落实好习近平总书记的重要指示批示和党中央、国务院决策部署，按照此次残工委会议精神，以赤诚之心为残疾人服务，推动残疾人事业不断发展，以优异成绩迎接建党100周年。

# 《“十四五”残疾人保障和发展规划》编制情况

**国务院残工委副主任，中国残联党组书记、理事长周长奎**
**在国务院残工委第四次全体会议上的工作报告节选**

（2021年4月27日）

党中央、国务院对“十四五”时期残疾人事业发展高度重视。习近平总书记强调：“不断满足人民群众对美好生活的需要，必须保护好残疾人权益，残疾人事业一定要继续推动。”李克强总理指出：“要编制好‘十四五’规划，为开启第二个百年奋斗目标新征程擘画蓝图。”《中共中央关于制定国民经济和社会发展第十四个五年规划和二〇三五年远景目标的建议》对巩固拓展脱贫攻坚成果、帮扶残疾人就业、完善帮扶残疾人社会福利制度、健全残疾人关爱服务体系和设施、提升残疾康复服务质量、完善特殊教育保障机制、筹办好北京冬残奥会等提出明确要求。《中华人民共和国国民经济和社会发展第十四个五年规划和二〇三五年远景目标纲要》对提升残疾人保障和发展水平做出部署，并明确了残疾人服务重点项目。这些为“十四五”时期残疾人事业高质量发展提供了根本遵循和重要依据。

根据习近平总书记重要指示批示和党中央、国务院对残疾人事业的新部署新要求，按照国务院残工委第三次全体会议要求，国务院残工委办公室会同各成员单位编制了《“十四五”残疾人保障和发展规划（送审稿）》（以下简称“规划送审稿”），将进入报审阶段。规划编制过程中，全面总结了“十三五”时期残疾人事业取得的成绩和经验，书面征询了国务院残工委成员单位、地方残联对“十四五”时期残疾人保障和发展的建议，广泛听取了各领域专家、基层残联和残疾人组织的意见建议，委托多家专业机构开展课题研究，在中国残联网站面向残疾人和社会公众征求建议。各地和各部门在充分肯定规划送审稿主要内容的基础上提出了 390 多条具体修改意见，绝大部分都予以采纳，个别意见经过沟通也形成了共识。

规划送审稿重点突出了以下几方面内容：

一是突出党对残疾人工作的全面领导。

坚持以习近平新时代中国特色社会主义思想为指导，坚持党对残疾人工作的全面领导，健全党委领导、政府负责的残疾人工作领导体制，为残疾人事业发展提供坚强的政治保障。

二是坚持以人民为中心的发展思想。

强调坚持格外关心、格外关注残疾人，解决好残疾人最关心、最直接、最现实的利益问题，激发残疾人的积极性、主动性、创造性，不断增强残疾人的获得感、幸福感、安全感。

三是明确“十四五”时期残疾人工作主题主线。

提出以残疾人事业高质量发展为主题，以保障残疾人基本民生和促进残疾人全面发展、共同富裕为主线，保障残疾人平等权利，增进残疾人民生福祉，增强残疾人自我发展能力，推动残疾人事业向着现代化迈进，不断满足残疾人美好生活需要。

四是提升残疾人基本民生保障水平。

将巩固拓展残疾人脱贫攻坚成果、提高残疾人特别是困难和重度残疾人民生保障水平作为突出任务，完善残疾人社会福利制度，开展重度残疾人托养照护服务，改善残疾人生活品质。

五是千方百计促进残疾人就业创业。

提出完善残疾人就业创业法规政策，提升残疾人职业素质和就业创业能力，加强残疾人就业服务，帮助残疾人实现较为充分较高质量的就业，让更多残疾人通过劳动过上更好更有尊严的生活。

六是扩大残疾人服务供给、提升残疾人服务质量。

提出健全包括残疾人康复、教育、文化体育、无障碍等在内的关爱服务体系，推动科技创新、人才培养和信息化，建成高起点、高水平、国际化的康复大学，加快发展残疾人慈善事业、志愿服务和服务产业。

七是营造自强和助残的社会氛围。

强调弘扬社会主义核心价值观，将扶残助残纳入公民道德建设、文明创建工程和新时代文明实践中心建设，营造理解、尊重、关心、帮助残疾人的浓厚社会氛围，鼓励残疾人自尊、自信、自强、自立。

规划送审稿待国务院审批通过后，将适时召开第六次全国残疾人事业工作会议进行部署、推动实施。

# 面向未来，聚焦重点，高质量推动“十四五”残疾人保障和发展

国家发展和改革委员会社会司副司长彭福伟
在第十四届中国残疾人事业发展论坛上的主旨发言节选

（2020 年 11 月 29 日）

## 一、“十四五”残疾人保障和发展的新形势

党的十九届五中全会明确了“十四五”时期经济社会发展指导思想和必须遵循的原则，提出了到 2035 年基本实现社会主义现代化的远景目标。

### 1. 深刻认识远景目标对残疾人保障和发展的指导意义

到 2035 年基本实现社会主义现代化这一远景目标的核心要义体现在三个“新”上，就是新发展阶段、新发展理念、新发展格局，为未来一段时期残疾人保障和发展提供了关键谋划。

新发展阶段，也就是我国在全面建成小康社会、实现第一个百年奋斗目标之后，开启全面建设社会主义现代化国家新征程向第二个百年奋斗目标进军的新阶段。特别强调我国社会主义现代化是全体人民共同富裕的现代化，理应包括广大残疾人在内。“十四五”时期是我国向第二个百年奋斗目标进军的第一个五年，残疾人保障和发展要开好局、打好基础。

新发展理念，也就是要把“创新、协调、绿色、开放、共享”的发展理念贯穿发展全过程和各领域，努力实现更高质量、更有效率、更加公平、更可持续、更为安全的发展。“十四五”时期，残疾人保障和发展，要继续坚定不移贯彻新发展理念，使创新成为第一动力、协调成为内生特点、绿色成为普遍形态、开放成为必由之路、共享成为根本目的。

新发展格局，就是要加快构建以国内大循环为主体，国内国际双循环相互促进的新格局。要坚持扩大内需这个战略基点，加快培育完整内需体系。“十四五”时期残疾人保障和发展，应提升供给体系对需求的适配性，以创新驱动、高质量供给引领和创造新需求，形成需求牵引供给、供给创造需求的更高水平的发展。

### 2. 深刻认识残疾人保障和发展的本质内涵

残疾人是一个特殊困难群体，需要格外关心、格外关注。为残疾人事业做更多事情，也是全面建成小康社会的一个重要方面。党的十九届五中全会再次提出，要“健全残疾人关爱服务体系和设施，完善帮扶残疾人的社会福利制度”，“提升残疾康复服务质量”等一系列新要求、新部署。贯彻落实全会精神，高质量促进残疾人保障和发展，必须深刻认识到：

支持残疾人保障和发展，就是以人民为中心发展思想的具体体现。全社会对残疾人的关爱，体现着对基本民生的深切关怀，体现着社会主义的本质要求；

支持残疾人保障和发展，也是全面现代化新征程的底线任务。“全面建成小康社会，残疾人一个也不能少”，在全面建设社会主义现代化国家的奋斗目标中，残疾人的福祉构成了民生福祉的底线；

支持残疾人保障和发展，更是人类命运共同体的文明标尺。我国在世界范围内倡导的人类命运共同体，显然包括广大残疾人在内，既体现了中国人民的梦想同各国人民的梦想息息相通，又体现了残疾人的梦想与每个健全人的梦想休戚与共。

## 二、“十四五”残疾人保障和发展的新挑战

“十四五”残疾人保障和发展可以用“四个大有可为”来定位，即在改善人民生活品质中大有可为、在巩固拓展脱贫攻坚成果中大有可为、在促进形成强大国内市场中大有可为、在创新社会治理中大有可为。“十四五”时期，结合我国所处的新发展阶段和在新冠肺炎疫情下面临的新问题，残疾人保障和发展面临五种不容忽视的新挑战：

一是老龄化带来的压力不容忽视。预计“十四五”时期，我国60岁以上老年人口总量将达到3亿左右。伴随人口老龄化程度进一步加深，相当一部分老年人面临失能问题，成为“事实残疾人”。与此同时，劳动年龄人口减少，有意愿和能力投身照料、护理、家政等服务的人才短缺，需求与供给之间的缺口持续扩大。由于问题的核心是“缺人”，过去主要依靠增加投入数量的支持型政策效应将趋弱，残疾人保障和发展的难度会加大。

二是特困人群的兜底保障不容忽视。全面建成小康社会后，残疾人全部实现脱贫目标，对残疾人基本生活的保障更加有力。然而，残疾人能脱贫但难解困。重度残疾人、特困供养残疾人等群体依然面临较为严峻的风险，尤其是在突如其来的新冠肺炎疫情之下，更加容易暴露重度残疾人的照护短板。守住不发生有损

公序良俗、人伦道德这一底线，时刻考验着扶危济困“安全网”的牢密程度。

三是美好生活向往带来的高质量需求不容忽视。随着人民群众对美好生活的向往更加强烈，民生领域供需之间的矛盾日益显现，残疾人群体也衍生出了多样化、多层次、多方面的需求。从农村转到城市的残疾人新市民，渴望享有高质量的公共服务，同时一些具有基本公共服务性质的项目，也逐渐难以满足中等收入、中高收入残疾人家庭的需要。在守住底线、兜住基本需求的基础上，如何满足非基本、高质量的需求，成为下一步残疾人保障和发展迫切需要回应的问题。

四是激发残疾人发展的内生动力不容忽视。尽管残疾人发展面临不同程度的障碍，但只要努力创造条件，充分发挥残疾人自身的积极性、能动性、主动性，残疾人完全可以为社会做出更多、更大的贡献。总书记曾指出，残疾人身残志坚、自尊自立、奉献社会的奋斗事迹不胜枚举。通过各种手段，千方百计为残疾人自我发展赋能，激发摆脱困境的内生动力，是提升帮扶效率，扩大帮扶成效的关键。

五是提升治理效能带来的潜力不容忽视。随着社会治理体系的不断完善，残疾人保障和发展的主体日益多元化。残联等人民团体和社会组织在残疾人帮扶、残疾预防和康复、残疾人权益维护等方面扮演着越来越重要的角色，弥补了公共服务供给的不足。通过进一步提高资源配置效率，深化残疾人服务机构改革，提升残疾人保障和发展的治理效能，从而调动全社会参与残疾人服务保障的积极性，由此带来的发展潜力将十分巨大。

## 三、“十四五”残疾人保障和发展的新要求

“十四五”残疾人服务保障工作必须深入贯彻落实习近平新时代中国特色社会主义思想，坚持以人民为中心，坚持以推动高质量发展为主题，以深化供给侧结构性改革为主线，着眼于残疾人的全面发展，促进普惠与特惠相结合，兜底保障和就业增收相结合，政府扶持、社会帮扶和残疾人自强自立相结合，扎实做好残疾人基本民生保障。

重点是“建立一个体系、提升三个质量”。

### 1. 构建完善的残疾人关爱服务体系

“十四五”时期，对残疾人这一重点群体，要在制定相关规划和政策时“厚爱三分”，做好关键时点、关键人群的基本生活保障，筑牢关爱服务体系。

一是充分发挥规划引领效用。在“十四五”规划编制过程中，积极推动残疾人保障和发展纳入国家“十四五”总体规划和相关专项规划，确立多层次、差异化的发展目标。

二是建立残疾人基本生活保障体系。残疾人是容易致贫和返贫的特殊群体，我国8500万残疾人中，尚有900多万无业重度残疾人属于低保保障范畴，90万特困残疾人在接受集中供养。要加强对残疾人特别是重度残疾人的关爱照护，履行好社会政策托底的职责，减轻重度残疾人家庭的生活负担。

三是增加残疾人公共服务供给。残疾人在康复、教育、就业、社会参与等方面面临着诸多困难和障碍，要重视残疾人在公共资源配置上的特殊需求，加强残疾人无障碍设施改造，为残疾人提

供更加专业化、均等化、便利化的公共服务，同时引导市场主体扩大多样化供给。

四是改善残疾人服务设施保障条件。“十三五”以来，发展改革委已累计安排中央预算内投资约58亿元，支持了791个残疾人康复、托养及综合服务设施建设。“十四五”时期，要继续拓宽资金渠道，综合利用中央预算内资金、地方财政投入和社会资金，加强残疾人服务设施建设和无障碍环境改造。

### 2. 提升残疾人自我发展质量

“十四五”时期，为有条件的残疾人提供就业、培训等帮扶措施，赋予残疾人通过自身努力摆脱困境的能力，是让他们有尊严地过上美好生活的有效路径。

一是落实残疾人就业支持政策。要切实拓宽残疾人就业渠道，创新残疾人就业形式，发挥残保金制度作用，加强和改善残疾人就业服务，消除对残疾人的就业歧视。

二是开展多样化的教育培训。完善特殊教育保障机制，充分运用各类教育资源，开展适合残疾人特点的职业培训，让更多残疾人掌握一技之长。

### 3. 提升残疾人康复服务质量

优质的康复服务，是帮助残疾人摆脱残障束缚、过上高质量生活的重要保障，是我国8500万残疾人的迫切需求。目前，我国康复机构和人才均严重短缺，康复服务总量不足、质量不高。未来五年，要向实现残疾人“人人享有康复服务”的目标不断努力。

一是建设高水平的康复大学。中国康复大学是世界上第一所专门培养高层次康复人才的大学，现已在青岛市开工建设。要支持康复大学建成高水平、高起点、国际化的高等院校，推动康复医学的学科专业化建设，充实专业康复队伍。

二是加快康复辅具产业发展。康复辅助器具是残疾人康复不可或缺的技术工具。党的十九届五中全会提出：“面向人民生命健康，深入实施创新驱动发展战略，完善国家创新体系。”应着力提升康复辅具产品的研发能力和技术含量，注重定制化、个性化服务，满足残疾人的适配需求。

### 4. 提升残疾人文体生活质量

残疾人参加专业体育运动，能够帮助他们激发自身潜能、展现自强精神、改变生活理念。“十四五”时期，将陆续迎来东京、北京和巴黎三届奥运会和残奥会，这是推广残疾人文体活动，特别是助力残疾人共同参与“三亿人上冰雪”的良好契机。

一是广泛开展残疾人文体活动。利用残疾人“健身周”“冰雪季”“特奥日”等品牌活动，推广系列康复健身体育项目，带动残疾人共同参与“三亿人上冰雪”。

二是全力筹备 2022 年冬残奥会。鼓励残疾人运动员参加各类体育赛事，加强对残疾人运动员的关心爱护，提升服务保障水平，帮助运动员全身心投入训练备战。创造条件让残奥精神鼓舞人，让全体社会成员更多关心关注残疾人。

# 残疾人保障和发展的总体思路和主要任务

国务院印发《“十四五”残疾人保障和发展规划》（以下简称“规划”），充分体现了党中央、国务院对残疾人的格外关心、对残疾人事业的高度重视。“十三五”时期，习近平总书记提出“全面建成小康社会，残疾人一个也不能少”的目标任务如期完成。立足新阶段，“十四五”将按照习近平总书记关于“促进残疾人全面发展和共同富裕”的重要指示精神，努力畅想和探索促进残疾人全面发展和共同富裕的方法路径和美好未来。规划依据《中华人民共和国残疾人保障法》和《中华人民共和国国民经济和社会发展第十四个五年规划和二〇三五年远景目标纲要》，提出“十四五”时期保障残疾人民生、促进残疾人发展的总体思路和主要任务。

## 一、规划的背景

从“八五”开始，国务院连续审批印发了 6 个发展残疾人事业的五年专项规划，有力推动了残疾人事业与经济社会协同发展。从残疾人事业“八五”计划纲要到“十三五”加快残疾人小康进程规划纲要，从初步解决温饱、基本解决温饱到总体小康、“一个也不能少”的全面小康，残疾人生活随着国家经济社会发展实现了历史性跨越。农村建档立卡贫困残疾人全部脱贫，残疾人收入水平稳步提高，生活质量明显改善，康复、教育、社会参与水平大幅提升，合法权益得到更好保障，获得感、幸福感、安全感显著增强。但是，与社会平均水平相比，残疾人仍然是一个特别需要关心帮助的困难群体，残疾人事业仍然是经济社会发展的短板。

“十四五”时期是开启全面建设社会主义现代化国家新征程的第一个五年，也是推动残疾人事业高质量发展、为残疾人全面发展和共同富裕打下更好基础的五年。规划全面对标党的十九届五中全会建议、国家“十四五”规划纲要，充分体现残疾人保障和发展的有关内容和要求，反映广大残疾人及其亲属过上美好生活的愿望和期盼，擘画了新阶段新征程残疾人事业高质量发展的美好蓝图。

## 二、准确把握规划的主题主线和主要目标

规划坚持以习近平新时代中国特色社会主义思想为指导，贯彻落实习近平总书记关于残疾人事业的重要指示批示精神和党中央、国务院决策部署，立足新发展阶段，贯彻新发展理念，适应构建新发展格局要求，明确了“十四五”时期残疾人保障和发展的主题主线和主要目标。

### 1. 以推动残疾人事业高质量发展为主题

我国残疾人事业发展不平衡、不充分的问题仍然突出，高质量发展既是广大残疾人的强烈愿望，也是经济和社会发展新形势对残疾人事业的客观要求。以推动残疾人事业高质量发展为主题，必须全面贯彻新发展理念，深化供给侧改革，把质量效益放到更

加重要的位置，实现建设规模与质量效率的有机统一，为残疾人提供更加充足、更高质量的服务和产品，推动残疾人事业向高质量发展转变、向现代化迈进，不断满足残疾人多层次、多样化的发展需要。

### 2. 以巩固拓展残疾人脱贫攻坚成果和促进残疾人全面发展、共同富裕为主线

打赢贫困残疾人脱贫攻坚战、建成“残疾人一个也不能少”的全面小康，为促进残疾人全面发展、共同富裕奠定了扎实基础。但是，残疾人返贫风险高，相当数量的低收入残疾人生活还比较困难，大部分残疾人及其家庭以转移性收入为主，持续增收困难，残疾人学习、就业、参与的能力和机会仍需提高和扩展，促进残疾人全面发展、共同富裕是一项长期任务。“十四五”期间，要进一步巩固拓展残疾人脱贫攻坚成果，保障残疾人平等权利，增进残疾人民生福祉，增强残疾人自我发展能力，围绕残疾人全面发展、共同富裕做出全方位、持续性努力。

### 3. “十四五”时期和2035年发展目标

规划聚焦“十四五”阶段性任务，从民生保障、就业创业、公共服务、社会环境、残疾人事业治理能力等方面，进一步细化“十四五”时期残疾人保障和发展的目标，从收入和就业、社会保障和基本公共服务两个方面，设置了11个主要指标。指标的设置和指标值的设定，坚持科学合理、适当提升原则，既体现了高质量发展的要求，又与国家“十四五”规划纲要主要指标和“十三五”加快残疾人小康进程规划纲要指标充分衔接。规划还进一步畅想了到2035年残疾人事业与国家基本实现现代化目标相适

应、残疾人全面发展和共同富裕取得更为明显的实质性进展的远景目标。

## 三、扎实推进规划提出的主要任务

规划提出了保障残疾人民生、促进残疾人发展4个方面的主要任务和支撑残疾人事业高质量发展的8项保障条件，搭建起了“十四五”残疾人保障和发展的“四梁八柱”。

### 1. 完善帮扶残疾人社会福利制度，提高残疾人民生保障水平

规划将巩固拓展贫困残疾人脱贫攻坚成果、提高残疾人特别是困难和重度残疾人民生保障水平作为首要任务，提出健全防止残疾人返贫监测和帮扶机制，对返贫和新致贫的残疾人家庭及时给予帮扶。为符合条件的残疾人和残疾人家庭提供特困人员救助供养或最低生活保障，加强医疗救助、临时救助，做好重大疫情等突发公共事件中困难残疾人的急难救助。帮助残疾人普遍参加基本养老和基本医疗保险，按规定将符合条件的残疾人纳入长期护理保险范围。普遍建立残疾人“两项补贴”动态调整机制，鼓励有条件的地方建立残疾人基本型辅助器具适配补贴、家庭无障碍改造补贴、残疾评定补贴等制度。落实残疾军人、伤残民警、国家综合性消防救援队伍人员伤残抚恤优待政策。规划关注重度残疾人照护等难题，强调要积极发展服务类社会救助，加快发展残疾人托养和照护服务，开展困难残疾人走访探视和残疾人社会工作、家庭支持服务，为残疾人提供更加稳定更有温度的民生保障。

### 2. 积极促进残疾人就业创业，帮助更多残疾人实现就业增收

残疾人是重要的人力资源，是社会主义现代化建设的重要力量。规划贯彻就业优先战略，把促进残疾人就业创业作为重要任务，提出完善残疾人就业创业政策法规，制定党政机关、事业单位、国有企业带头安置残疾人就业办法。开展残疾人就业促进专项行动，扶持残疾人自主创业、灵活就业，鼓励残疾人通过新就业形态实现就业。帮助有就业愿望和培训需求的残疾人普遍得到相应的职业素质培训、就业技能培训、岗位技能培训和创业培训，为高校残疾人毕业生和就业困难残疾人提供就业帮扶服务。规划还强调，落实招录残疾人用人单位就业补贴奖励政策，加强残疾人就业促进政策与低保等政策的衔接，充分调动用人单位招录残疾人和残疾人就业的积极性，让更多残疾人通过就业提高收入、实现价值。

### 3. 提高公共服务质量和水平，提升残疾人生活品质

残疾人公共服务总量不足、分布不均衡、质量效益还不高。规划将残疾人康复、教育、文化、体育等作为重点领域，着力健全残疾人关爱服务体系，提升残疾人公共服务覆盖水平和质量效益，让残疾人逐步均等享有便利可及的公共服务。规划提出，加强残疾人健康管理，扩大康复服务供给，提升康复服务质量。全面加强残疾预防，有效减少控制残疾的发生发展。巩固提高残疾儿童少年义务教育水平，完善特殊教育保障机制，加快发展融合教育，提高残疾人教育质量和水平。扩大残疾人优质文化服务和产品供给，促进残疾人群众体育和竞技体育全面发展。完善残疾

人服务标准体系，发展残疾人慈善事业、服务产业，建成高起点、高水平、国际化的康复大学。

### 4. 保障残疾人合法权益，促进残疾人社会参与

规划强调依法发展残疾人事业、保障残疾人权益。提出健全残疾人权益保障法律法规体系，研究完善残疾人就业、无障碍环境建设法律制度，开展残疾人社会保障、成人监护等立法研究。加强残疾人保障法等相关法律法规普法宣传力度，提高全社会依法维护残疾人平等权利的意识。扩大残疾人法律援助覆盖面，创新残疾人法律服务和权益维护。提升无障碍设施建设、改造和管理水平，加快发展信息无障碍，让残疾人工作生活、互动交流更加便利。激励残疾人自强自立，营造助残文明社会氛围，为残疾人平等参与、融合发展创造更好条件。

### 5. 完善残疾人事业支持保障条件，推动残疾人事业高质量发展

规划强调了 8 个方面的基础保障条件，着力稳固残疾人事业发展根基，促进残疾人事业高质量、可持续发展。一是加强党对残疾人事业的领导，完善党委领导、政府负责、部门协同、社会参与、市场推动、残疾人组织充分发挥作用的领导体制和工作机制。二是做好残疾人事业经费保障，健全多渠道、多元化投入格局。三是加强基础设施和信息化建设，实现有条件的县（市、区、旗）残疾人服务设施全覆盖，建立线上线下相结合的残疾人服务体系。四是加快科技创新和人才培养，设立康复国家重点实验室，加快培养残疾人康复、教育、就业、托养照护等专业人才队伍。五是加强和改善农村残疾人服务，促进残疾人事业城乡区域协同

发展。六是建设县、乡、村三级联动互补的残疾人服务网络，增强基层为残疾人服务的能力。七是深化各级残联改革建设，更好发挥桥梁纽带作用。八是积极参与国际残疾人事务，营造残疾人事业发展的良好外部环境。

最后，规划明确了实施机制。国务院相关部门要根据职责分工制定配套实施方案，各地区要制定当地“十四五”残疾人保障和发展规划或残疾人事业发展规划，确保各项任务落到实处。国务院残疾人工作委员会及有关部门对规划实施情况进行年度监测、中期评估、总结评估及第三方评估、社会满意度调查，及时发现和解决规划实施中出现的问题。各地区要将当地“十四五”残疾人保障和发展规划或残疾人事业发展规划实施情况纳入政府工作考核。省级以上政府残疾人工作委员会要在“十四五”期末对规划实施情况进行评估总结，按照国家有关规定对先进典型予以表彰。

（段玉珊、胡仲明、孙玉伟供稿，
郭春宁、厉才茂审订）

# 二、社会保障

1. 巩固拓展残疾人脱贫攻坚成果
2. 强化残疾人社会救助保障
3. 加快发展残疾人托养和照护服务
4. 提高残疾人保险覆盖率和待遇水平
5. 完善残疾人社会福利制度和社会优待政策
6. 保障残疾人基本住房安全便利
7. 落实残疾军人和伤残民警抚恤优待政策
8. 加强重大疫情等突发公共事件中对残疾人的保护

# 巩固拓展残疾人脱贫攻坚成果

“十三五”如期打赢脱贫攻坚战，贫困残疾人实现了摆脱绝对贫困的历史奇迹，生存状况发生了质的变化。但是，从总体上看，残疾人生活水平还处于一个较低的水准，仍是易致贫返贫的特殊困难群体，距离有尊严的美好生活还存在差距，脱贫的稳定性还不够扎实，脱贫攻坚成果仍需要进一步巩固和提高。

中央明确，“十四五”作为巩固拓展脱贫攻坚成果的过渡期，衔接“十三五”规划，这为巩固拓展残疾人脱贫攻坚成果、加快推动农村残疾人保障和服务的提升提供了又一个重要历史机遇。要充分用好巩固拓展脱贫攻坚成果的制度安排和政策措施，履行好“代表、服务、管理”职能，进一步落实残联改革任务，夯实基础，锻炼队伍，改进作风，以更加扎实有力的工作促进农村残疾人事业发展。

## 一、巩固拓展残疾人脱贫攻坚成果的重要意义

### 1. 以巩固拓展残疾人脱贫攻坚成果为抓手，防止发生残疾人规模性返贫

深入推进巩固拓展残疾人脱贫攻坚成果相关工作，是落实好习近平总书记关于“要切实做好巩固拓展脱贫攻坚成果同乡村振兴有效衔接各项工作，让脱贫基础更加稳固，成效更可持续”，“坚

决守住不发生规模性返贫的底线”等一系列重要指示精神的重要举措和有力抓手。将符合条件的残疾人纳入易返贫致贫人口动态监测预警范围，尤其是解决好重度残疾人、一户多残、与老人共居等最易发生致贫返贫特殊家庭的实际困难，开展有效帮扶，能够防止残疾人群体出现规模性返贫，对国家巩固拓展脱贫攻坚成果同乡村振兴大局，以及农村残疾人小康生活成色都起到至关重要的作用。

### 2. 以巩固拓展残疾人脱贫攻坚成果为契机，推动农村残疾人事业高质量发展

我国大多数残疾人生活在农村地区，脱贫攻坚给广大农村贫困残疾人生活带来了翻天覆地的变化。但因为保障和服务水平整体较低，工作基础薄弱，服务能力不足，短板弱项多，尚难以满足农村残疾人日益增长的多方面的服务需求，也在一定程度上影响着一部分残疾人家庭的稳定脱贫。过渡期内，把巩固残疾人脱贫攻坚成果纳入当地巩固拓展脱贫攻坚成果同乡村振兴有效衔接工作大局统筹安排与实施过程中，充分考虑残疾人的特殊困难和需求，进一步优化调整脱贫攻坚政策措施，在巩固残疾人脱贫攻坚成果的同时，将全方位带动农村残疾人公共服务供给的增加和农村残疾人事业高质量发展。

## 二、巩固拓展残疾人脱贫攻坚成果的重点工作

### 1. 落实“早发现、早干预、早帮扶”要求

及时将易返贫致贫残疾人纳入动态监测预警范围和帮扶机制，发现一户，纳入一户，帮扶一户；加强数据比对，精准监测，精

准帮扶，做到应纳尽纳、应帮尽帮。

建立残疾人跟踪访视机制，做到残疾人返贫致贫“早发现”。紧紧依靠村“两委”和结对帮扶人，依靠驻村工作队、驻村第一书记等，建立脱贫残疾人家庭跟踪访视机制，及时了解掌握残疾人家庭的基本生活、返贫致贫风险等情况。

及时落实帮扶政策，做到残疾人返贫致贫的“早干预、早帮扶”。对出现返贫致贫风险的残疾人家庭，要及时向有关部门反映情况，及时分析返贫致贫的风险原因，研究提出具体帮扶措施，开展有针对性的专项帮扶，随时跟进帮扶政策的落实和帮扶效果。

### 2. 持续落实残疾人“两不愁、三保障”政策措施，加大对残疾人产业扶持和稳岗就业的支持力度

继续落实“两不愁、三保障”各项扶持政策。过渡期内，确保已脱贫残疾人家庭享受到的帮扶政策措施持续落实。继续将符合条件的脱贫残疾人纳入低保范围，应保尽保；继续落实好困难残疾人生活补贴和重度残疾人护理补贴制度；按规定落实纳入监测范围脱贫不稳定残疾人参加城乡居民基本医疗保险个人缴费资助政策；继续落实符合条件的脱贫残疾人参加基本养老保险个人缴费资助政策。实施第三期特殊教育提升计划，巩固提高义务教育入学率，不断提高特殊教育质量，推动实现残疾人学生15年免费教育。持续支持符合条件的农村低收入残疾人家庭实施危房改造。部门协同做好已脱贫残疾人“两不愁、三保障”信息核查比对，及时预警提示返贫致贫风险，及时了解掌握残疾人家庭帮扶政策的落实情况。

加大脱贫残疾人稳岗就业扶持。摸清有劳动能力和就业意愿的残疾人底数，为残疾人送政策、送信息、送岗位、送服务。鼓

励扶贫车间吸纳残疾人务工，优先落实就业帮扶政策。用好乡村存量及新开发公益性岗位，托底安置符合条件的残疾人及其家庭成员就业。

持续推动对残疾人的产业帮扶。加大农村残疾人实用技术培训力度，鼓励地方实施适合残疾人家庭增产增收的助残扶贫项目，继续给予有劳动能力脱贫残疾人小额信贷支持。强化帮扶项目对残疾人的就业带动和收益分红，支持低收入残疾人参与帮扶项目就业增收，村内建设和发展、村级公益事业等帮扶项目优先安排困难残疾人受益。持续发挥残疾人就业基地、农村专业合作社、能人大户等带动残疾人家庭增收的作用。积极帮助残疾人通过直播带货等方式开展农产品销售增加收入。在推动易地扶贫搬迁后续帮扶工作中，加强残疾人搬迁户社会保障兜底、稳岗就业、公共服务供给等方面的精准帮扶。

### 3. 加强和改善农村残疾人服务

加强农村残疾人康复服务。推进残疾人家庭医生签约服务，提升残疾人家庭医生服务质量。持续组织实施残疾人精准康复服务行动，以农村低收入残疾人、重度残疾人为重点，为有需求的残疾人提供基本康复服务。落实残疾儿童康复救助制度，完善相关配套政策措施，加强残疾儿童康复救助定点机构规范化管理，提升康复服务质量，确保农村残疾儿童及时得到安全有效的康复服务，实现残疾儿童应救尽救。

改善农村残疾人家庭无障碍环境。为农村困难重度残疾人家庭实施无障碍改造。将残疾人家庭无障碍改造纳入当地巩固拓展脱贫攻坚成果同乡村振兴有效衔接的政策措施，与乡村建设行动、加强乡村人居环境建设协同推进实施，扩大残疾人家庭无障碍改造受益面。通过动态调整逐步为困难重度残疾人家庭提供更高标准、更高质量的改造服务。

提升农村重度残疾人托养照护服务。推进实施“阳光家园计划”项目，为就业年龄段智力、精神和重度肢体残疾人提供托养服务，支持中西部地区残疾人托养服务工作发展。将符合条件的农村残疾人纳入特困人员救助供养范围，开展服务类社会救助工作，为生活不能自理的残疾人提供救助服务。充分利用乡村已有公办医疗、养老、托养等服务机构，对未纳入特困人员救助供养的低收入重度残疾人，通过集中托养、居家服务、邻里照护等给予基本照护服务帮扶。

### 4. 持续开展东西部残疾人帮扶协作

将残疾人帮扶工作纳入东西部协作范围统筹安排。将东部省份残疾人帮扶工作的好经验、好做法复制推广到西部省份，助推西部省份农村残疾人工作加快发展。东部省份将残疾人帮扶工作统筹纳入当地东西部帮扶协作规划和年度资金预算，明确残疾人帮扶项目和资金安排；西部省份将帮扶项目纳入当地东西部帮扶协作项目库，主动对接东部省份，做好项目的精准实施，管好用好项目资金。

增强东西部残疾人帮扶协作精准度。西部省区以聚焦巩固拓展残疾人脱贫攻坚成果为重点，准确摸清农村残疾人基本服务和需求状况，及时梳理迫切需要解决的短板弱项，提出直接让农村残疾人获得实惠或解决残疾人实际困难需求的帮扶项目计划；东部省份安排的项目资金，要考虑项目实际惠及残疾人的受益情况，充分体现帮扶精准度和帮扶质量。

### 5. 大力宣传残疾人自强脱贫和助残扶贫先进事迹，持续激发残疾人增收致富的内生动力

做好残疾人自强脱贫先进事迹的宣传推广。组织动员残疾人群众学习残疾人自强脱贫先进事迹，增强劳动致富的信心和动力。通过主流媒体和新媒体等多种途径和方式广泛宣传残疾人自强脱贫先进事迹，引导激励残疾人以先进为榜样、靠奋斗创造美好幸福生活。

做好助残脱贫先进事迹的宣传推广。积极向社会各界宣传助残扶贫先进典型事迹，学习助残先进对残疾人群体的关爱帮扶和对残疾人事业的奉献支持，营造全社会关心关爱残疾人的良好氛围，动员更多社会力量开展扶残助残，帮助农村低收入残疾人增收致富。

## 三、巩固拓展残疾人脱贫攻坚成果的重要基础

### 1. 基层党组织助残帮扶

农村基层党组织是农村工作的基础，基层党组织和党员干部是巩固拓展残疾人脱贫攻坚成果的重要力量，与纳入易返贫致贫人口动态监测预警范围的残疾人家庭结对帮扶，在社会保障、教育安置、健康服务、稳岗就业、产业扶持、出行便利等多方面能够给残疾人家庭提供有力扶持，能够引导社会各界关心关爱残疾人家庭，培育良好社会习惯和文明乡风，防止出现残疾人规模性返贫致贫。

### 2. 发挥农村基层残疾人组织密切联系和服务残疾人的作用

基层残疾人工作者、村残协专职委员是联系广大残疾人的桥梁纽带，在日常走访残疾人家庭、入户调查残疾人基本服务状况和需求动态更新、开展困难残疾人家庭走访探视等工作过程中，能够及时发现困难残疾人家庭的特殊困难需求，切实掌握困难残疾人家庭的实际情况，及时反映困难残疾人家庭的突出问题，是易返贫致贫人口动态监测预警和帮扶机制的重要信息来源。要进一步加强村（居）残协规范化建设，让其能够切实发挥联系、维权、服务等方面的基础性作用。

（郝大鹏供稿，张新龙审订）

# 进一步完善残疾人“两项补贴”制度

为解决残疾人特殊生活困难和长期照护困难，2015 年 9 月，国务院印发《关于全面建立困难残疾人生活补贴和重度残疾人护理补贴制度的意见》（国发〔2015〕52 号）（以下简称“国务院 52 号意见”），部署从 2016 年 1 月开始，对低保家庭中的残疾人发放困难残疾人生活补贴，对残疾等级为一二级的残疾人发放重度残疾人护理补贴，有条件的地方可以扩大到低收入家庭、非重度智力精神残疾人及其他困难残疾人。

残疾人“两项补贴”制度得到了各地党委政府的高度重视，相关部门大力推进落实，在短短几年的时间里，制度建设创新发展，补贴发放稳步推进，受益规模快速增长，产生了明显的社会效益。到 2020 年底，全国困难残疾人生活补贴和重度残疾人护理补贴分别惠及 1212.6 万困难残疾人和 1473.8 万重度残疾人，影响到约 5000 万—6000 万家庭人口，有效持续改善了广大困难残疾人的基本生活状况。残疾人及其亲属切身体会到了党和政府的温暖和关爱，成为助力困难残疾人脱贫攻坚的重要制度支撑。同时，也证明了残疾人“两项补贴”范围和标准等制度设计在现行条件下总体上是科学、合理、可行的。作为国家首次针对残疾人群体出台的特惠保障措施和专项社会福利制度，无论是在我国的社会事业发展历史上，还是在残疾人事业的发展进程中，残疾人“两项补贴”都是一次重要制度创新，是我国残疾人社会福利从传统补缺型向制度型转变，从社会问题取向向社会需要满足取向转变的一次成功实践，具有里程碑意义。

## 一、主要内容

1. 补贴对象及补贴申请。残疾人“两项补贴”需残疾人自愿申请，申请人需持二代残疾人证。审核采取“街道或乡镇初审、残联审核，民政审定，财政拨款”的形式。困难残疾人生活补贴对象为低保家庭中的残疾人，有条件的地方可逐步扩大到低收入残疾人及其他困难残疾人。重度残疾人护理补贴对象为残疾等级被评定为一级、二级且需要长期照护的重度残疾人，有条件的地方可扩大到非重度智力、精神残疾人或其他残疾人，逐步推动形成面向所有需要长期照护的残疾人的护理补贴制度。

2. 补贴标准及发放。残疾人“两项补贴”采取按月社会化发放形式，通过金融机构转账存入残疾人账户。特殊情况下需要直接发放现金的，要制定专门的监管办法，防止和杜绝冒领、重复领取、克扣现象。残疾人“两项补贴”自资格审定合格的残疾人递交申请的当月计发，标准由省级人民政府根据当地经济社会发展水平和残疾人生活保障需求、长期照护需求统筹确定，并适时调整。有条件的地方可根据实际情况详细划分补贴类别和标准，以提高制度精准性、加大补贴力度。

## 二、政策发展历程

国务院52号意见对残疾人“两项补贴”的总体要求、基本原则，以及补贴的对象、标准、形式、衔接、申领、监管等都做出了明确规定，是残疾人“两项补贴”制度的基础，也为后续政策的完善和发展提供了基本遵循。

2016年，为了加强政策衔接，细化制度规定，民政部和中国残联联合印发《关于贯彻落实残疾人“两项补贴”制度有关政策衔接问题的通知》（民发〔2016〕99号），按照一致性、唯一性、对应性原则，明确了残疾人“两项补贴”与养老、离休、企业自主发放的相关补贴（补助、津贴）政策衔接要求，极大提升了政策操作性。

2018年，民政部、中国残联开发完成了全国残疾人“两项补贴”信息系统，民政部办公厅、中国残联办公厅还共同印发了《关于做好全国残疾人“两项补贴”信息系统全国上线运行有关工作的通知》，正式启动“两项补贴”信息系统全国上线运行工作。“两项补贴”信息系统采取数据大集中方式管理，可支持部、省、市、县、乡五级的使用与管理工作，具备“两项补贴”申请、审核、发放、查询、统计分析等功能，并与残疾人口数据库实现共享共用，为实现全国“两项补贴”规范化申领、基本信息和数据的实时监测和动态管理提供了有力技术支撑。

2019年，为助力打赢打好脱贫攻坚战，贯彻落实国务院52号意见关于“残疾人‘两项补贴’标准由省级人民政府根据经济社会发展水平和残疾人生活保障需求、长期照护需求统筹确定，并适时调整”相关要求，民政部、财政部、中国残联联合印发《关于建立困难残疾人生活补贴和重度残疾人护理补贴制度动态调整机制的指导意见》，指导各地统筹考虑当地城乡居民收入增长、物价变动、最低生活保障等社会救助和保障标准调整及照护市场劳动力价格变化等情况，适时提出残疾人“两项补贴”标准的调整方案，提升“两项补贴”制度的保障水平，最大限度发挥兜底保障功能。

2021年，为落实总书记提供更加贴心暖心的社会保障服务的重要指示精神，践行党史学习教育“学党史、悟思想、办实事、开新局”，要求落实“我为群众办实事”具体举措，民政部、中国残联印发《关于全面开展残疾人“两项补贴”资格认定申请“跨省通办”的通知》，规定自2021年4月22日起，残疾人“两项补贴”资格认定申请“跨省通办”在全国范围正式实施，残疾人“两项补贴”资格认定申请将不受户籍地限制，实行以任意地申请、户籍地审核审定及发放的形式办理。“跨省通办”的实现，对适应统筹推进疫情防控和经济社会发展形势，有效服务残疾人口流动需求，纵深推进“放管服”改革，提升人民群众满意度和幸福感有重要意义，残疾人民生工作再添暖心实事。

## 三、“十四五”残疾人“两项补贴”完善和发展方向

### 1. 进一步完善补贴范围和标准，坚持需求导向

残疾人“两项补贴”作为一种特惠性福利，是针对具有特殊困难的残疾人，因此识别符合条件的受益人是政策的前提。补贴对象方面，残疾人“两项补贴”的对象是以国家统一标准为基准，以各地附加标准为补充。“十四五”期间，残疾人“两项补贴”覆盖范围要保证立足基本制度，在自愿申请前提下，确保低保残疾人应享尽享困难残疾人生活补贴，一二级重度残疾人应享尽享重度残疾人护理补贴。在此基础上，探索合理扩大残疾人“两项补贴”对象范围，困难残疾人生活补贴要与最低生活保障

等救助制度相衔接，覆盖范围由低保群体向低收入及其他困难残疾人群体延伸。重度残疾人护理补贴要与残疾人照料护理等服务相结合，覆盖范围向非重度智力、精神和其他残疾人延伸，积极与养老、长期护理等照护服务体系相衔接，形成解决残疾人长期照护困难的保障合力。

补贴标准方面，残疾人“两项补贴”标准代表受益者实际待遇水平，由国家规定基本原则，地方政府制定具体标准。“十四五”期间，残疾人“两项补贴”标准制定要在充分评估残疾人生活困难程度和长期照护需求的基础上，坚持尽力而为、量力而行，既与经济社会发展水平、财政承受能力相适应，又兼顾残疾人基本生活和长期照护需求。推动探索和健全分级分类分档补贴管理办法，提升制度公平性和精准性，补贴标准调整情况应当及时向社会进行公开和公示，做到应补尽补、应享尽享，将群众满意度作为政策落实的重要评判标准。

### 2. 完善申领程序和管理办法，坚持惠民便民

加强互联网、大数据、人工智能等技术在残疾人“两项补贴”申领、发放和管理中的运用，不断拓展和创新残疾人获取政策信息和申办补贴的渠道，在充分尊重残疾人意愿的基础上，完善残疾人自愿申请和监护人等代办相关程序，构建主动发现、精准发放、动态监管的智慧补贴管理服务体系。落实政务服务事项“跨省通办”要求，深化“放管服”改革精神，依托“一门受理、协同办理”机制，简化补贴申请受理环节，优化审核流程，指导有条件的地方在人员、机构以及数据核对处理能力具备的前提下，探索将审核审定权限下放到乡镇（街道），实现“马上办、就近办、一地办”，使残疾人获得更加便捷有效的政务服务。

### 3. 构建精准动态管理机制，提高政策科学规范化水平

一是把好残疾人证发放管理关。残疾人证的把关和管理，关系着残联的公信力，也决定着“两项补贴”等惠残助残政策能否精准实施到位。“十四五”期间，残联组织要在进一步规范残疾人证办理和管理上充分着力，特别是在保证“跨省通办”的新要求新挑战下，进一步严格残疾人证发放和退出动态管理，做好残疾人证管理与各项惠残助残社会保障、福利措施的衔接。对于残疾人证申领、换发、核发、到期等变动情况，要明确各类情况下补贴发放管理办法，提前通知残疾人，避免给残疾人造成损失。对于突发公共卫生事件、自然灾害等不可抗力导致无法及时换证的，可设立一定的过渡期。

二是健全补贴进退和复核机制。探索研究残疾人“两项补贴”与残疾人证、低保、低收入、殡葬火化、卫健死亡人口、户籍迁移、社会保险、特困人员救助供养、伤残抚恤、监狱服刑、养老、孤儿、离休等相关数据的衔接比对机制，逐步解决数据更新、数据共享不及时影响补贴精准发放的问题。鼓励各地探索开展生存验证等功能，畅通补贴进退机制，提高补贴发放精准性。

三是加强补贴发放动态监管。完善补贴进退管理机制。对于新申请补贴的残疾人，符合条件的应在申请当月计发补贴，对于主动申报、数据比对、生存验证等应退出补贴的，要依据工作实际情况及时退出并做好解释工作。探索建立残疾人“两项补贴”智慧监管服务体系，运用数据比对开展大数据动态监测，建立补贴监测预警机制，努力做到不漏一人、不漏一户，实现补贴应享尽享、应退则退。完善补贴发放使用情况公开机制，在保障残疾人隐私的前提下，充分接受各界监督。

### 4. 做好政策衔接与宣传引导，提升残疾人获得感

充分运用多种媒介、采取灵活多样的形式加强残疾人“两项补贴”政策宣传，营造良好的舆论氛围，加强信息无障碍建设，帮助残疾人及其家属知晓、理解、掌握政策，并及时协助有需求的残疾人办理补贴申请。要按照国务院52号意见要求，细化和明确残疾人“两项补贴”与已有社会福利、社会救助、社会保险等政策的衔接办法，特别是与医养结合、长期护理保险、失能补贴等与照料护理关系较为密切的相关政策的衔接，坚持统筹政策衔接，形成保障合力，构筑残疾人关爱服务体系。对于与残疾人“两项补贴”的补助范围、目的、方式等一致或有重合，需择高申领补贴等情况，要加强政策解释工作，取得残疾人的理解和支持。要以“两项补贴”的生动实例宣传好党和政府“格外关注、格外关心”残疾人的为民情怀和“弱有所扶”的坚定立场，让广大残疾群众一直能够听到、看到、感受到党和政府的关心和为残疾人服务的初心使命。

（李凌之供稿，张新龙审订）

# 加快发展残疾人托养和照护服务

残疾人托养服务，是为智力、精神和重度残疾人提供生活照料及护理、生活自理和社会适应能力训练为主，辅之以运动功能训练、职业康复与劳动技能训练的服务，形式包括机构托养和居家服务。

残疾人照料服务，是为16周岁以上，不符合特困人员救助供养条件，残疾程度为一级或二级，纳入最低生活保障范围或属于建档立卡的残疾人提供集中或社会化照护服务。形式包括：对于符合条件且有意愿入住各类照护服务机构的贫困重度残疾人，依托和整合现有公共服务设施为其提供集中照护服务；对于符合条件但无意愿入住各类照护服务机构的贫困重度残疾人，组织其家属、邻居及其他社会力量和个人为其提供居家服务、日间照料、邻里互助等社会化照护服务。

## 一、政策发展和实践经验

残疾人托养和照护服务是残疾人民生工作中比较特别的一个领域。长期以来，智力、精神和重度残疾人群体，由于欠缺生活自理能力和独立生活能力，在康复、教育、就业、社会保障等方面面临着比其他残疾人更为突出的问题，他们的家庭在抚养或赡养、长期看护、医疗和康复、精神压力等方面的付出大大超出一般家庭所应承担的义务。不少智力、精神和重度肢体残疾人长期存在无人照料、无力照料、无法照料，日常吃饭难、出行难、就医难等问题，部分家庭重度残疾人甚至长期困于陋室病榻之上，连晒晒太阳都可能成为奢望，这些家庭获得感不强，生活质量亟待提高。

2007 年，中国残联在广州召开全国智力和精神残疾人托养服务工作会议，以残疾人特殊社会保障的形式正式启动残疾人托养服务。党中央和国务院对这项工作及时予以大力支持和关注。2008 年，新修订的《残疾人保障法》明确提出“国家鼓励和扶持社会力量举办残疾人供养、托养机构”。2009 年，中国残联协调财政部正式实施“阳光家园计划”，由中央财政安排专项资金对各地开展托养服务予以补贴。

“十二五”期间，残疾人托养服务正式纳入残疾人事业发展五年规划和国家基本公共服务体系规划。国家发改委安排项目，对各地托养机构设施建设予以补贴。2012 年，中国残联、发改委、民政部等 8 部门联合印发《关于加快发展残疾人托养服务的意见》，提出加大残疾人托养服务扶持力度、加快残疾人托养服务专业化建设，大力推动寄宿、日间照料机构和居家服务同步发展。2013 年，中国残联印发《残疾人托养服务基本规范（试行)》，对残疾人托养服务规范、服务管理，服务质量考核及评价等做出规范。

“十三五”期间，残疾人托养服务正式纳入基本公共服务目录。2017 年，国务院印发《“十三五”推进基本公共服务均等化规划》，在残疾人基本公共服务专章中规定，推进支持各地建设一批专业化残疾人康复设施、托养设施和综合服务设施设备，推动形成功能完善、网络健全的残疾人专业康复和托养服务体系，加快人才队伍培养。2019 年，由民政部、中国残联提出，全国服务标准化技术委员会制定和发布了《就业年龄段智力、精神及重度肢体残疾人托养服务规范》（GB/T 37516－2019)，作为残疾人托养服务的国家标准，也是我国残疾人服务领域的首个国家标准，残疾人托养服务行业走上规范化、制度化、专业化轨道，对提供更高、更优、更精的残疾人托养服务，改善残疾人生存发展条件具有深远意义。

随着全面建成小康社会和打赢脱贫攻坚战进入决胜时期，广大残疾人的基本生存条件得到了全面改善，贫困和困难残疾人家庭“两不愁、三保障”得到较好解决。但是，困难家庭中智力、精神和重度残疾人仍然存在一日两餐无保障、有病无法看、个人卫生无法打理等现实困难；家庭支出大、收入少，往往还要捆绑家庭劳动力，“脱贫解不了困”的问题，逐渐成为制约家庭发展的最大难题。“给钱给物不如给服务”成为贫困重度残疾人脱贫解困的最大期盼。

这些贫困重度残疾人家庭的照护服务需求得到党和国家的高度关注，随着脱贫攻坚进入决胜期，党中央、国务院先后在《关于支持深度贫困地区脱贫攻坚的实施意见》和《关于打好精准脱贫攻坚战三年行动的指导意见》等政策文件中，提出开展贫困重度残疾人照料和托养，解决因残致贫问题，助力残疾人脱贫攻坚。为贯彻落实相关工作，2019 年 5 月，民政部、财政部、卫健委、国务院扶贫办、中国残联等 5 部门联合印发《关于在脱贫攻坚中做好贫困重度残疾人照护服务工作的通知》（民发〔2019〕33 号），提出整合资源、因地制宜，为有需求的 16 岁以上、不符合特困人员救助供养条件的贫困和低保家庭中的智力、精神和重度残疾人开展社会化照料护理和托养服务。各地因地制宜、积极探索，通过整合资源、政府补贴、购买服务、公益岗位、集中和日间照护、邻里照护等多种方式为贫困重度残疾人解决基本照护问题，探索出不少非常有效的服务模式。如河南省驻马店市等地率先通过建立覆盖全市的集中托养中心和日间照料机构，解决有需求的贫困重度残疾人的基本生活问题；河南省财政厅、民政厅、残联等6部门联合印发《关于河南省财政支持农村重度残疾人照护服务工作的实施意见》，从省级层面确立了重度残疾人照护服务的政策支持和经费保障。重庆将包括残疾人在内的农村失能特困人员集中照护工程列入全市15件民生实事予以推进；新疆通过幸福大院和残疾人事业保障中心的建设，有效解决了一部分贫困重度残疾人的托养照护服务问题。此外，河北沧州及衡水、河南南阳、山东聊城、广西北海等地，都在重度残疾人照护方面形成了适合当地实际情况的良好经验和独到模式。

## 二、挑战与努力方向

经过十多年的发展，残疾人托养服务和残疾人照护服务虽然取得一定的进展，探索出不少有益经验，但从总体上看，都依然面临着服务缺口大、资金不足、持续性不足，区域发展差异大等问题，特别是残疾人照护服务起步晚，没有相应的项目和投入制度，机构运营机制不明确，服务资质和质量有待进一步规范化监督，与养老、长期护理等服务的整合工作亟待明确。

“十四五”期间，残疾人托养服务和照护服务主要从以下几方面着力：

第一，充分开展调查研究，配合民政等部门确定好乡村振兴中重度残疾人照护服务的对象、范围、方式等，做好与养老服务、医养结合、长期护理保险等相关政策的衔接，形成政策合力。

配合民政部等相关部门深入研究《关于在脱贫攻坚中做好贫困重度残疾人照护服务工作的通知》在巩固拓展脱贫攻坚成果、实施乡村振兴战略时期的政策延续，通过广泛开展调查研究，充分总结实施经验，广泛征求各方意见，确定新情况下残疾人照护服务的定位、对象、内容、方式等，将残疾人照护服务作为国家照护服务体系的一部分纳入国家养老服务、长期护理保险等体系中统筹考虑规划，形成资源共享和政策合力，确保各地在开展残疾人照护服务过程中有章可循。

第二，继续实施“阳光家园计划”，支持各地开展残疾人托养服务，推动有条件的地区探索制定残疾人托养服务支持政策和补贴办法，为托养服务发展提供稳定支持和保障。

一是指导各地充分利用“阳光家园计划”资金为残疾人接受托养服务提供补贴和支持，发挥示范引领作用。支持中西部地区发展残疾人托养服务，缩小区域差距。二是推进寄宿制机构、日间照料和居家服务同步发展。协调有关部门在社区日间照料机构中配备残疾人托养相关设施，增强为残疾人服务的能力。三是培育和引入社会力量，鼓励通过政府购买服务等方式，灵活开展残疾人托养和照护服务，拓展服务覆盖面。

第三，加强残疾人托养服务国家标准的推广落实，为托养服务机构及设施建设提供引领，提升托养服务质量和专业化水平。

通过制作线上课程等方式持续开展残疾人托养服务国家标准、托养服务基础知识和相关经验做法等的宣传贯彻和培训工作，不断提升管理和服务人员队伍专业化水平。鼓励各地以残疾人托养服务国家标准为引领和依据，开展残疾人托养服务。鼓励有条件的地区因地制宜，探索制定当地的托养服务规范和标准，提升服务规范化水平。在未来的发展中还应该根据经济社会发展程度、残疾人的实际需求等，不断更新完善残疾人托养服务标准，使之更加科学合理，更加符合残疾人的实际需要。

（李凌之供稿，张新龙审订）

# 三、就业促进

1. 完善残疾人就业法规政策
2. 多渠道、多形式促进残疾人就业创业
3. 提升残疾人职业素质和就业创业能力
4. 改进残疾人就业服务
5. 维护残疾人就业权益

# 促进残疾人就业三年专项行动
# （2021—2023 年）

## 一、制定背景

为巩固拓展脱贫攻坚成果，促进残疾人实现较为充分、较高质量的就业，贯彻 2021 年国务院残工委全体会议精神和王勇国务委员讲话要求，细化《“十四五”残疾人保障和发展规划》关于残疾人就业的重大政策、重大项目，专门制定《促进残疾人就业三年行动（2021－2023 年）》（以下简称“行动”）。行动以具备一定的就业能力和就业意愿的残疾人群为主要对象，以较快提升残疾人就业规模为主要目标，以开展就业促进项目为主要形式，精准施策、广泛动员，将残疾人就业相关工作具体落实到相关责任部门。

## 二、任务目标

行动以全国残疾人就业和职业培训信息管理系统统计数据为依据，以“十三五”末仍然未实现就业残疾人中有就业需求和就业能力的残疾人作为主要行动对象。

综合“十三五”期间新增就业人数，以国际上大部分国家残疾人就业率的相对高点为参考，行动确定了到 2023 年实现全国城乡新增 100 万残疾人就业的具体目标。在就业服务方面，提出有就业创业需求和就业条件的城乡残疾人普遍获得职业服务和职业技术培训，以增加行动的后续发展能力。

## 三、主要措施

促进残疾人就业三年行动包括三个分行动：党政机关事业单位、国有企业、民营企业、残疾人组织等各方力量安置残疾人就业行动；就业困难残疾人、农村残疾人、盲人和残疾人大学生等重点群体就业扶助行动；残疾人就业服务和残疾人职业能力两项提升行动。

1. 党政机关、事业单位。各地要以落实《“十四五”残疾人保障和发展规划》的专栏 4《残疾人就业服务重点项目》中“党政机关、事业单位按比例就业安排残疾人就业项目”确定的任务目标为重点，协同组织部门摸底汇总党政机关、事业单位安置残疾人就业情况，制定“十四五”任务推进计划，具备条件的要在 3 年内启动并实施。要借鉴无锡等地经验，组织党政机关、事业单位对接残疾人集中就业机构、辅助性就业机构，建立党建助残基地，开展党建助残活动。

2. 国有企业。各地要与当地国资委加强合作，选取一批业务范围覆盖较广、岗位较多的国有或国有控股企业，开发一批适合残疾人就业的岗位，广泛招聘残疾人就业。要与人力资源社会保障、国资委共同开展“国有企业助残就业专场招聘会”活动，中央、省、市三级每年联合举办至少 1 场国有企业残疾人专项招聘会。落实好邮政公司新设服务网点预留比例政策，协助残疾人落实优先领取烟草专卖许可证有关规定，积极联系当地铁路公司等非国资委管理的大型国企，预留一定比例服务点给残疾人。要与当地国资委合作，确保到 2023 年前，所有国有及国有控股企业通过按比例安排残疾人就业或足额缴纳推动残疾人就业保障金等形式履行法定责任，并将国有及国有控股企业按比例安置残疾人就业情况纳入国有企业履行社会责任报告。

3. 民营企业。各地要充分利用新就业形态日益增长的就业容纳能力和对残疾人更加友好的就业条件，努力使平台就业成长为三年行动中扩大残疾人就业规模的最重要手段。各地要与各级工信部门加强合作，组织引导一批头部平台企业、电商企业、快递企业等新形态就业企业对接残疾人就业需求，打造残疾人就业品牌或专区，对残疾人就业给予加强推广宣传、减免加盟费和增值服务费、派单倾斜、免费培训等优惠。各地要与工商联合会、企业联合会及各行业协会商会等加强合作，广泛建立助残就业合作对话机制，加强对残疾人自主创业企业、个体工商户的指导与扶持，协调帮助联系残疾人就业劳动项目，开展创业培训、雇主培训和就业指导。组织推荐助残先进民营企业纳入年度民营企业助残就业履行社会责任报告。

4. 残疾人组织。各地要重点宣传残疾人组织在就业行动中的自助、自强精神，充分发挥各级各类残疾人协会、基金会的重要作用，组织残疾人就业创业带头人、协会中的就业能人大师以及能够动员的各类社会力量，选择一批已经形成一定市场规模，运行稳定且适合不同类别残疾人的就业项目打造知名品牌，大力推广复制。如肢协已经开展的“千企万人行动”，智协开展的“喜憨儿洗车”、餐点制作及盲人按摩等。要相互学习借鉴，及时总结典型案例和成功经验，选择符合本地区发展特点的项目广泛开展培训，扩大连锁规模。各级残疾人福利基金会、狮子会要广泛动员社会力量，开展以残疾人就业为主题的专项活动。

5. 帮扶就业困难残疾人群体。着重发展辅助性就业、公益性岗位就业等适合智力、精神和重度肢体等就业困难残疾人的就业形态。各地建立的残疾人之家、残疾人托养机构、残疾人职业康复机构等，要普遍开展辅助性就业。同时发挥街道、社区、民政、残疾人家长组织、社会慈善组织、爱心企业各方力量，推动辅助性就业发展。辅助性就业机构较多的地方要争取建立劳动项目调配中心，地市级要普遍开展劳动项目调配，收集储备劳动项目，打造产品和服务品牌，开展残疾人产品网上展示展销。要加强辅助性就业机构管理服务人员队伍建设，有条件的要为辅助性就业机构设立社会工作者岗位，配备残疾人就业辅导员。

6. 帮扶农村残疾人就业。巩固拓展脱贫攻坚成果，对纳入易返贫致贫人口动态监测预警范围、具备劳动能力的残疾人给予就业帮扶。做好易地搬迁残疾人的就业帮扶。开发一批面向农村残疾人的公益性岗位。继续开展残疾人实用技术培训。各县（区、市）依托现有资源建立残疾人就业扶贫车间和农村残疾人就业基地，吸纳农村残疾人就业或为农村残疾人及其家庭成员从事种植、养殖、加工业、乡村旅游、农村电商等，提供生产服务、技术指导、农用物资供应、土地流转、产业托管、农副产品收购销售和融资等方面服务。东西协作定点帮扶项目要向残疾人就业培训和就业帮扶倾斜。

7. 帮扶残疾大学生就业。各地要按年度开展残疾大学生“精准帮扶促就业，指导关爱助就业”活动，综合比对教育、残联、人社部门收集的各类残疾人大学生数据信息，准确掌握残疾人学生基本情况，建立残疾人大学生“一人一策”就业服务档案。要及时与财政、人力资源社会保障等部门沟通，帮助高校残疾人毕业生落实各类就业扶持及补贴奖励政策，纳入国家或地方大学生培训和见习计划，纳入教育部“24365国聘行动”联合专场招聘活动。要加强与高校，特别是残疾人大学生较多的高等院校沟通合作，协助做好政策宣讲、技能培训、岗位推介等就业服务。要将残疾人大学生作为重点人群纳入党政机关、事业单位、国有企业、平台企业等各方力量的安置残疾人就业行动中。要相互协作，打通高校残疾人毕业生户籍所在地和居住地、求职地的服务和支持。组织动员有需要的高校残疾人毕业生参加线上线下各类就业服务和招聘活动。

8. 帮扶盲人按摩就业。协调当地发展改革等部门，实施好省级盲人按摩医院建设项目，已经建成的项目，要尽快组建相应医疗管理团队，积极将项目医院打造成为区域示范中心，带动影响周边省份、地市级城市建设盲人医疗按摩机构或购买社区卫生岗位。各地要鼓励盲人医疗按摩人员开办医疗按摩所，加快盲人保健按摩服务标准建设，提升盲人保健按摩行业整体服务水平，促进行业规范化、品牌化发展。发挥各级保健按摩实训基地作用，规范开展盲人保健按摩培训和继续教育。

9. 残疾人就业服务提升行动。开展残疾人就业服务“五个一”活动：三年内对所有就业年龄段未就业残疾人普遍核准一次就业与培训信息，对有需求的残疾人组织一次职业能力测评，进行一次就业需求登记，开展至少一次就业服务，组织一次残疾人就业服务质量评估。准确摸查所有残疾人就业服务需求并登记入库，建立就业档案。要把各级残疾人就业中心建设成为资源中心，梳理服务内容、建立服务标准、明确服务流程，建立就业辅导员等骨干队伍。要充分利用社会力量，扶持一批残疾人就业社会服务机构、社会组织、中介机构，将更多的就业服务内容纳入政府购买服务范围，明确相关流程与办法，根据服务效果进行付费。

10. 残疾人职业技能提升。职业培训方面，中国残联将培训任务分解下发各地，各地要与人力资源社会保障部门加强合作，依据实名统计系统，制定年度残疾人职业培训计划。针对未就业残疾人、已就业残疾人和残疾人中的重点群体的不同需求，分类开展精准培训。同时，规范培训流程，完善管理机制，加强基地建设，充分利用社会力量，引入第三方评价机制，对培训工作全程监管。

职业教育方面，各地要积极与教育部门合作扩大残疾人中高等职业教育规模，和普通中高等职业教育对接，帮助学校组织生源，广泛开设面向残疾人的特教班系。同时，将通过自学考试、成人教育获得职业资格证书或学历证书的残疾人纳入残疾人职业培训补贴范围。

## 四、保障条件

为保障行动顺利实施，各地还要加强政策、资金、数据和组织保障。

1. 政策保障。各地要积极落实现有就业扶持政策，同时根据各分项行动需要，制定并落实党政机关、事业单位、国有企业安置残疾人就业的相关办法；残疾人就业服务与培训评估标准、管理规范；政府购买残疾人就业服务与培训办法；外来残疾人享受当地就业扶持政策办法。建立东西部残疾人就业扶持政策协调机制。各省（区、市）要积极协调有关部门组织 1 次残疾人就业扶持政策落实情况和效果评估。

2. 资金保障。各地要确保残疾人就业保障金对行动的投入。制定残疾人就业补贴奖励办法，明确标准、条件、资金来源等。要加大对超比例安置残疾人就业的用人单位的奖励力度。对于各项残疾人就业扶持政策明确的优惠措施和残疾人就业补贴奖励重点项目，一般公共预算经费要予以优先保障。要广泛动员社会力量和资金开展助残就业。要按规定每年向社会公开本地区一般公共预算用于残疾人就业的经费支出情况。

3. 信息保障。各地要依托全国一体化政务服务平台和各级政务服务机构，将各部门间残疾人就业数据互联互通作为工作重点和行动基础。要依托全国残疾人就业创业网络服务平台，建立包含残疾人培训机构、培训项目、证书管理和线上培训等内容的全国残疾人职业培训服务与管理系统。

4. 组织保障。各地要充分发挥残工委办公室作用，加强组织、协调、督促有关部门做好残疾人就业工作。本次行动各分行动主责部门作为牵头单位，承担任务落实主要工作，其他参与部门根据自身业务范围，积极配合完成项目任务目标。各地要推动分行动牵头部门发挥主责作用。配合有关部门完善、落实、宣传残疾人就业创业政策，精准掌握残疾人就业需求，组织实施残疾人就业项目，开展残疾人就业服务和职业技术培训。

（周凯供稿，张新龙审订）

# 落实残疾人就业补贴奖励政策

## 一、政策概述

落实残疾人就业奖励补贴，提高用人单位安排残疾人就业的积极性，通过正向激励引导用人单位稳定残疾人就业岗位，是促进残疾人就业的有效途径。

2015 年，《残疾人就业保障金征收使用管理办法》（财税〔2015〕72 号）明确规定残疾人就业保障金支持用于：“补贴用人单位安排残疾人就业所需设施设备购置、改造和支持性服务费用。补贴辅助性就业机构建设和运行费用。残疾人从事个体经营、自主创业、灵活就业的经营场所租赁、启动资金、设施设备购置补贴和小额贷款贴息。各种形式就业残疾人的社会保险缴费补贴和用人单位岗位补贴。奖励超比例安排残疾人就业的用人单位，以及为安排残疾人就业做出显著成绩的单位或个人。对从事公益性岗位就业、辅助性就业、灵活就业，收入达不到当地最低工资标准、生活确有困难的残疾人的救济补助。”

《“十四五”残疾人保障和发展规划》明确：“落实残疾人就业支持政策，保障残疾人就业培训、补贴奖励、就业服务等相关资金投入。对招录残疾人的用人单位给予岗位补贴、社会保险补贴、职业培训补贴、设施设备购置改造补贴、职业技能鉴定补贴等扶持，对超比例安排残疾人就业的用人单位给予奖励。”

各地残联要积极落实运用既有政策规定，结合本地实际，细化有关奖励和补贴措施，并提早谋划年度残疾人就业奖励和补贴资金预算，稳定扩大残疾人就业。

## 二、残疾人就业有关补贴解读

### 1. 残疾人自主就业创业补贴政策与实践

残疾人自主就业创业补贴，包括对自主创业、灵活就业的残疾人给予经营场所租赁补贴、社会保险补贴、职业培训和创业培训补贴、设施设备购置补贴、网络资费补贴、一次性创业补贴，对求职创业的应届高校残疾人毕业生给予补贴。

《关于扶持残疾人自主就业创业的意见》明确规定：“残疾人首次创办小微企业或从事个体经营，且所创办企业或个体工商户自工商登记注册之日起正常运营1年以上的，鼓励地方开展一次性补贴试点。符合就业困难人员条件的残疾人实现灵活就业的，按规定给予社会保险补贴，由就业补助资金支出。特殊教育院校教育类毕业生、残疾人高校（含技师学院）毕业生、贫困残疾人家庭高校（含技师学院）毕业生按规定享受求职创业补贴。”

《关于完善残疾人就业保障金制度更好促进残疾人就业的总体方案》明确：鼓励和引导残疾人利用“互联网+”等形式自主就业创业，在经营场地等方面给予支持，符合条件的可享受相应补贴和金融扶持政策。

湖北省2020年持续实施“十百千万”残疾人就业创业扶持计划，加大对残疾人就业创业基地的培育力度，对22个符合条件的品牌基地分别给予15万元、10万元资金扶持。实施湖北省残疾人创业扶持“双百工程”，重点扶持残疾人农家小店主和集镇小老板创业就业，共扶持800名农家小店主和集镇小老板，每名扶持创业启动资金5000元。天津、湖南、吉林、江西、山东、新疆、重庆等地也制定政策，对残疾人就业创业进行奖励补贴。

各地在工作中将促进残疾人毕业生就业放在优先位置，对高校残疾人毕业生就业进行奖补。如安徽省残联配合省人社厅等部门开展2020届、2021届困难毕业生求职创业补贴信息化发放工作，2020届高校毕业生求职创业补贴标准提高到每人1500元。浙江省落实岗位补贴、社会保险补贴、超比例安置奖励等措施，对城乡低保家庭、零就业家庭的大学残疾人毕业生实行托底帮扶，确保2020年全省有就业意愿的高校残疾人毕业生当年就业率100%。福建省对新毕业本专科残疾学生参加公考、考级、考研、面试等按2000元/标准发放一次补助。甘肃省争取将残疾人大学生列入重点就业帮扶对象，为残疾人毕业生发放求职创业补贴。

在培训补贴奖补方面，北京市出台《残疾人职业技能提升培训实施细则》，制定了55个残疾人职业培训项目的补贴标准，将国家和市级认定的残疾人职业培训基地纳入补贴范围，对参加培训的残疾人按照不少于35元/天的标准落实生活费补贴。浙江等地也采取措施，明确“对用工企业组织开展残疾人岗前、岗中、转岗培训，可给予一定的培训补贴”。

### 2. 残疾学生见习补贴政策与实践

残疾学生见习（实习实训）补贴，即指按规定对符合条件的残疾学生在见习（实习实训）期间给予一定标准的补贴。

天津市明确：“就业见习期内，用人单位为就业见习人员发放的月生活费不低于本市月最低工资标准。就业见习结束后，按照见习期内每人每月 3000 元的标准，对见习单位给予就业见习补贴。”

各地残联要在工作中及时与财政、人社等职能部门沟通，在高校残疾人毕业生参加岗前培训补贴、中小微企业招用高校残疾人毕业生一次性就业补贴、见习补贴、灵活就业的社会保险补贴、创业扶持等方面提出政策建议，确保各项政策惠及高校残疾学生，并抓好落实。协调人社部门将高校残疾人毕业生和在校生纳入本地职业技能培训规划和百万青年见习计划中，协助有需求的高校残疾人毕业生参加岗前培训，落实职业培训补贴。各地残联要根据残疾人实名制系统等调查统计系统，全面摸清学生信息，动员学生注册就业创业网络服务平台等，获取见习实训信息。

### 3. 招录残疾人的用人单位补贴政策与实践

招录残疾人的用人单位补贴，指对正式招录残疾人的用人单位给予岗位补贴、社会保险补贴、职业培训补贴、设施设备购置改造补贴、职业技能鉴定补贴；对安排残疾人实习见习实训的用人单位给予一次性补贴。

《关于完善残疾人就业保障金制度更好促进残疾人就业的总体方案》明确：加大对用人单位安排残疾人就业的激励力度。合理调整残疾人就业岗位补贴、保险补贴、设施设备购置改造补贴等补贴标准；加大对超比例安排残疾人就业用人单位的奖励力度，通过正向激励，调动用人单位安排残疾人就业积极性。

在实际工作中，多地细化落实补贴政策，对招录残疾人的用人单位给予补贴，调动安置残疾人就业的积极性。如《天津市促进残疾人就业补贴奖励办法》规定：“用人单位新招用残疾人就业的，自首次签订合同之日起 3 年内，按照每人每月 500 元的标准给予补贴；新招用高校残疾人毕业生就业的，按照每人每月1200元的标准给予补贴。”湖南省对516家残疾人就业扶贫示范基地给予2万至4万元不等支持性服务费用补贴，并配备就业辅导员。南昌市残联为22家集中安置残疾人就业的企业发放社保补助资金180余万元。上海市出台新操作细则和2020年度考核办法，进一步细化扶残涉农经济组织、农民合作社关联企业的认定与注销、资金补贴的申请与拨付以及2020年度考核等关键环节。青海省加大援企稳岗力度，对符合条件的用人单位和机构提供“四补贴一保障”（稳岗补贴、招工补贴、疫情防控物资购置补贴、房屋租赁补贴）。安徽省直接投入残疾人就业专项资金约1.4亿，对受疫情影响符合条件的就业创业残疾人和安置残疾人的用人单位，适当提高项目补贴标准，减轻疫情带来的不利影响。

### 4. 辅助性就业机构补贴政策与实践

《关于发展残疾人辅助性就业的意见》（残联发〔2015〕27号）明确：对残疾人辅助性就业机构的一次性建设、场地租金、无障碍环境改造、生产设备和辅助器具购置及残疾职工社会保险等支出给予相关资金扶持，这就是辅助性就业机构补贴。

辅助性就业机构是组织有就业意愿但难以进入竞争性劳动力市场的智力、精神和重度肢体残疾人从事生产劳动的一种集中就业形式，在劳动时间、劳动强度、劳动报酬和劳动协议签订等方面相对普通劳动者较为灵活。

近年来，吉林、天津、广西、贵州、河北、内蒙古、山东等地投入大量资金，对残疾人辅助性就业机构给予了奖补。

### 5. 公益性岗位安排残疾人就业的用人单位补贴政策与实践

公益性岗位安排残疾人就业的用人单位补贴，指对通过公益性岗位安排残疾人就业并缴纳社会保险费的用人单位给予社会保险等补贴。公益性岗位是指政府作为出资主体，扶持或通过社会筹集资金开发，以安置就业困难人员为主，符合社会公共利益需要的服务性岗位或协助管理类岗位。

《中共中央关于制定国民经济和社会发展第十四个五年规划和二〇三五年远景目标的建议》明确提出：“完善重点群体就业支持体系”，“扩大公益性岗位安置，帮扶残疾人、零就业家庭成员就业”。各地要通过各种支持和补贴措施，促进残疾人公益性岗位就业，将中央有关要求落到实处。

2020 年，甘肃省残联协调省人社厅对符合岗位人选条件要求的贫困残疾人和贫困残疾人家庭成员予以公益岗位优先安置，配合统计落实为安置贫困残疾人的社会企业给予社会保险补贴政策。江西、四川、浙江等地也明确具体措施促进残疾人公益性岗位就业。

## 三、残疾人就业有关奖励解读

### 1. 超比例安排残疾人就业奖励政策与实践

我国法律法规规定了用人单位按照 1.5% 比例安置残疾人就业的义务。超比例安排残疾人就业奖励，主要是给予超 1.5% 法定安置比例安排残疾人就业用人单位的奖励。为鼓励用人单位积极安排残疾人就业，提升残疾人就业率，我国法律法规和有关政策均对超比例安置残疾人就业给予支持。

享受超比例奖励的用人单位一般需符合下列条件：残疾人必须符合法定就业年龄（男 16—59 周岁，女 16—54 周岁）；将残疾人录用为在编人员或依法与残疾人签订 1 年以上（含 1 年）劳动合同；残疾人有具体的工作岗位；实际支付残疾人工资不低于当地最低工资标准；为残疾人按时足额缴纳社会保险费；按规定参加当年按比例安排残疾人就业审核，安排残疾人就业超过规定比例。目前，天津市规定“用人单位每超 1 人每年按照 7600 元的标准给予奖励”，大连市“对超过 1.5% 的规定比例安排残疾人就业且超比例部分实际安排残疾人就业的人数超过 1 人的用人单位，按照不低于安置年度当地年最低工资标准给予奖励”。福建、安徽、河北、山东、陕西、江西南昌、新疆等地也出台措施，加大对超比例安排残疾人就业用人单位的奖励力度。

### 2. 残疾人就业服务奖励政策与实践

《关于完善残疾人就业保障金制度更好促进残疾人就业的总体方案》明确：充分发挥残疾人就业服务中心、公共就业服务机构、劳务派遣公司、经营性人力资源服务机构在残疾人就业供需对接方面的作用，对推荐残疾人稳定就业一年以上的，按人数给予奖励。残疾人就业服务奖励目的在于调动各类就业服务机构帮助残疾人就业的积极性。为辅助性就业机构提供就业项目、经营场地等方面做出显著成绩的企业或单位，现行政策也给予补贴或奖励。

中国残联先后制定出台了涵盖残疾人就业服务机构建设、创业孵化、扶贫助残、培训基地创业培训、盲人按摩等 14 项标准或规范，帮助各地对照规范开展各项业务工作。同时，结合实际情况，总结残疾人职业培训、就业岗位开发与购买、职业能力测评、创业服务指导及就业新领域、工作新方式等方面的经验做法，鼓励引导社会力量和专业机构制定具有地方特色的实施细则，及时交流协作，逐步形成更多、更实用的残疾人就业标准。

各地要切实将残疾人就业纳入各级政府就业优先政策范畴，确保《关于完善残疾人就业保障金制度更好促进残疾人就业的总体方案》及本地实施方案落实落地。根据残疾人就业状况与培训服务需求相关实名统计数据，合理编制残疾人就业资金年度预算并实现动态调整，确保残疾人就业补贴和奖励资金的实际需要。各地要落实并逐步细化完善残疾人就业补贴奖励办法，明确标注、条件、申请流程和资金来源等有关内容，加大对残疾人用人单位、残疾人就业社会服务平台的奖补力度。持续推动外来残疾人劳动者与当地户籍残疾人享有同等的就业创业扶持政策。

（李哲供稿，张新龙审订）

# 推进党政机关、事业单位、国有企业按比例安置残疾人

## 一、政策概述

我国法律规定，国家机关、社会团体、企业事业单位、民办非企业单位应当按照规定的比例安排残疾人就业，并为其选择适当的工种和岗位。按比例安排残疾人就业是用人单位应尽的法定责任，党政机关、事业单位和国有企业（含国有控股企业）应做出表率，带头履行法律责任和义务，进一步增强按比例安排残疾人就业的自觉性，这对于推进残疾人高质量就业、提升全社会对残疾人劳动技能的认知具有重要引导意义。

为促进党政机关、事业单位、国有企业带头安置残疾人就业，《“十四五”残疾人保障和发展规划》要求，省级、地市级编制 50 人（含）以上未安置残疾人的党政机关、编制 67 人（含）以上未安置残疾人的事业单位（中小学、幼儿园除外），在 2025 年前应至少安置 1 名残疾人就业。国有企业未安置残疾人的，应积极开发适合残疾人就业的工种和岗位，履行按比例安置残疾人就业的义务。目前，有关部门正制定党政机关、事业单位和国有企业安置残疾人就业办法，积极稳妥地推动此项工作。

## 二、推进党政机关、事业单位安置残疾人就业的要求

**1. 优化党政机关、事业单位招录残疾人**

各地在招录公务员和事业单位人员时，要结合实际，采取适

当措施，努力为残疾人考生创造便利的考试环境和无障碍环境。鼓励党政机关、事业单位、国有企业招录（聘）时专设残疾人职位、岗位，招录主管部门要给予放宽开考比例、体检标准、年龄或文化程度要求等倾斜政策。

2019 年，北京录用 17 名残疾人公务员，对残疾人在工作经历、专业、身体条件、学历、分数线等方面降低要求，同时提供减免考试费用、设置单独考场及大字卷等便利服务。上海市招录残疾人公务员和事业单位工作人员时，残联直接外派考官参与残疾人面试，与市人社局、市干部培训中心联合对事业单位招录残疾人开展专项培训。

党政机关、事业单位可以采取定向考录、遴选、接收残疾军转干部、编外聘用新招录残疾人等办法。专设岗位招录（聘）残疾人的，可以简化考试程序或者采用其他测评办法，可邀请同级残联采取直接外派考官的形式，全面直接参与面试工作。

各级党政机关中的非公务员岗位（科研、技术、后勤等），要积极安排残疾人就业，并依法与残疾职工订立劳动合同，保障其合法权益。

**2. 加强党政机关、事业单位安置残疾人就业的约束和督导**

在实际工作中，福建省残工委对残工委成员单位招录残疾人建立年度通报制度。四川省积极推动党政机关、事业单位、国有企业带头按比例安排残疾人就业，省政府与省级群团组织联席会议将该项工作列入议题进行研究，省委编办将全省党政机关、事业单位中在编残疾人员基本信息纳入机构编制实名管理，常态化精准掌握全省党政机关、事业单位安排残疾人就业情况。新疆在 2020 年事业单位工作人员招录中，专门面向全疆设置残疾人优先招录岗位，在自治区《完善残疾人就业保障金制度更好促进残疾人就业的实施方案》中，已将自治区党委组织部和自治区人社厅纳入此项工作的责任单位。

党政机关、事业单位安置残疾人就业未达到法定比例的，应当专设残疾人招录职位，拟定一定期限内达到招录（聘）残疾人规定的具体计划，多渠道、多形式安置残疾人，确保在2025年前完成规定目标，并逐步达到法定安置比例。各地残联应积极向政府残工委和组织人事部门汇报党政机关、事业单位招用残疾人就业情况，并协助督促履行按比例安置义务。

各地应将党政机关、事业单位是否履行按比例安排残疾人就业义务纳入各类先进单位评选标准。不履行义务的用人单位，不能参评先进单位；其主要负责同志不能参评先进个人。党政机关、事业单位应将按比例安排残疾人就业工作纳入日常管理、绩效评估和年度考评。各地要定期对党政机关、事业单位安置残疾人就业情况进行统计公示。

省级、市级组织和编制部门要对未达到安置比例的党政机关、事业单位进行督促，有关单位应自觉将安排残疾人工作列入年度招录、遴选公务员工作计划或人员招用计划。对于安置残疾人尚未达到法定比例的党政机关、事业单位，主管部门不批准新增人员编制。

## 三、推动国有企业安置残疾人就业的有关要求

国有企业应根据行业特点，确定适合残疾人就业的岗位，招录符合岗位要求的残疾人就业。企业对招录的残疾人应依据劳动合同法订立劳动合同，实行同工同酬。国有企业未按比例安置残疾人就业的，应在招聘计划中单列一定数量的岗位，根据规定的原则和程序定向招聘符合要求的残疾人。

天津、上海、江苏、四川等地残联联合国资委等部门举办国有企业专场招聘会。各地残联应摸清辖区内残疾劳动者的学历、技能、择业需求、总量分布等情况，为有就业意愿和就业能力的残疾劳动者建立一人一档。省级、市级残联和人力资源社会保障部门应加强对残疾劳动者的职业规划指导，对就业困难的残疾劳动者予以重点帮扶，组织开展多形式、多层次的残疾劳动者职业技能培训，不断提高残疾劳动者就业能力，努力适应国有企业的用人需求。

未按比例安排残疾劳动者就业的国有企业，应在招聘计划中单列一定数量的岗位，按照公开、平等、竞争、择优的原则和程序定向招聘符合要求的残疾劳动者，直至达到或超过规定比例。各地残联应会同同级国有资产监管、人力资源社会保障部门不定期组织国有企业残疾劳动者专场招聘会，为国有企业参加招聘会提供必要的条件。各地残联根据辖区内残疾劳动者的实际情况，有针对性地向国有企业主动介绍和推荐适合人选。

各地残联应对辖区内国有企业安排残疾劳动者就业情况进行汇总统计。省、市残联要会同同级人力资源社会保障部门、国资委定期通报国有企业招聘残疾劳动者相关情况，督促未按规定比例安排残疾劳动者就业的企业安排残疾劳动者就业。协调国资委对出资监管企业招聘残疾劳动者就业情况纳入企业履行社会责任综合评价。鼓励国有企业超比例录用残疾劳动者，对未按比例安置残疾人就业的国有企业依法征收残疾人就业保障金。

## 四、加强残疾人就业服务的有关要求

加强培训提高残疾人就业能力，是促进残疾人按比例就业的基础。各有关部门要下大力气抓好残疾人职业培训，准确了解用人单位用工情况，结合岗位需求，有针对性地组织残疾人开展订单培训、定向培训、定岗培训，不断提高残疾人职业技能，以适应用人单位需求。

各级公共就业服务机构和残疾人就业服务机构要发挥好用人单位与残疾人之间的桥梁和纽带作用，准确掌握辖区内就业年龄段残疾人的基本情况，加快完善残疾人就业需求登记制度；全面了解辖区用人单位的岗位需求，定期做好信息发布。主动走进残疾人家庭和用人单位，掌握第一手信息，重点做好向用人单位推荐工作。协助用人单位定期或不定期开展残疾人招聘活动，促进用人单位按比例安排残疾人。

残联应主动配合本级党政机关、事业单位和国有企业招录招用残疾人，在面试、体检、岗前培训、无障碍沟通等方面提供帮助和服务。根据辖区内就业年龄段残疾人的实际情况，有针对性地向国有企业介绍和推荐适合人选，帮助开发适合残疾人的岗位。

（李哲供稿，张新龙审订）

# 加快推进残疾人就业创业网络服务

信息技术以其全域赋能作用，正引领社会生产、生活和治理的深刻变革，极大增强了人们认识世界、改造世界的能力。党的十九大以来，智慧城市建设以及推进社会治理体系和治理能力的现代化，都离不开充分运用物联网、大数据、云计算、人工智能等信息科技。残疾人就业也出现了很多新形势、新业态、新措施。残疾人就业创业网络化服务正在成为残疾人就业服务的重要手段之一。“十四五”期间，中国残联将大力推进残疾人就业创业网络服务，搭建中国残疾人就业创业网络服务平台，为能够提供专业化、精准化残疾人就业服务奠定基础。

## 一、任务目标

通过搭建、运行中国残疾人就业创业网络服务平台，能够更好地开展国家级重点残疾人就业服务项目、整合全国残疾人人力资源、统筹全国残疾人就业信息等。各地建设本地化残疾人就业创业网络服务平台，完善管理员队伍建设，做好宣传推广，积极引导残疾人和用人单位利用 APP、微信公众号等获取服务。中国残疾人就业创业网络服务平台与地方就业创业网络服务平台实行同账号、通数据，实现全国残疾人就业信息互通。

在此基础上，以中国残疾人就业创业网络服务平台为载体，横向打通人社、税务、高校大学毕业生等信息系统，统筹用人单位信息，纵向联通各级残疾人年审系统、实名制培训系统、盲人按摩管理系统、职业能力测评系统、残疾人数据动态更新系统，“十四五”期间逐步形成残疾人就业大数据。

依据残疾人就业大数据，各地各级残疾人就业服务机构可以更加高效、更有针对性地开展职业介绍、职业培训、职业能力测评、产品展销、创业指导、政策宣传等服务，建立全流程服务档案，逐步实现全国统一服务标准、服务流程和服务内容的就业服务。

## 二、保障条件

1. 推进残疾人就业创业网络服务，建设全国残疾人就业创业服务平台载体是关键。同时，平台的建立和应用，是一个循序渐进的过程，需要全国残联齐心协力，共同推进。特别是平台建设的关键环节——地方残联子站的建设，对提升就业创业平台的整体服务水平，促进各地方工作有着重要意义。一是子站建设兼顾地方特色和全国共享。地方子站建设可以体现本地残疾人就业服务特色服务，展示本地特色企业、残疾人典型等内容，助力全国范围内残疾人就业服务资源的汇集和共享，实现服务资源的合理配置和充分利用，解决不同地区服务资源单一与现实需求多样化的供需矛盾问题。二是子站建设统筹各残疾人就业服务系统。子站系统将与中国残联部分业务系统实现对接，实现人员基础数据及业务数据共享，统一终端服务界面，避免重复工作。三是子站建设有利于开展基层残疾人就业服务。一方面，各地方残联，尤其是基层残联长期存在服务人力资源不足与服务对象众多、工作内容多、工作量大的问题。子站开通后会有配套的功能应用和运营服务，大量工作可在线上完成，运营服务人员保障相关的服务和效果，通过平台化的线上资源自匹配，减少线下工作量，解决人手不足的问题。另一方面，子站有利于各级残联全面掌握信息数据、服务对象需求、就业创业的整体态势，有利于宣传本地区残疾人就业，有利于社会助残资源转化为残疾人服务成果。

2. 整合全国残疾人人力资源。各级残疾人就业服务机构在完善本地残疾人就业创业网络服务平台的同时，挖掘或者培育本地残疾人人力资源服务机构，将有能力为残疾人提供服务的机构纳入平台信息管理，并建立准入、退出机制，开展多元化残疾人就业服务。

3. 各级残疾人就业服务机构、公共服务机构，在保护残疾人个人信息的前提下，为残疾人提供服务的同时，将服务痕迹在就业创业网络服务平台上进行记录，完善残疾人就业、培训、评估、工作经历等信息，建立属于残疾人个人的信息化就业档案，为精准化残疾人就业服务奠定扎实基础。

4. 完善管理员队伍建设。残疾人服务人员的水平决定了服务质量，在不断完善残疾人就业服务硬件基础的同时，更要提升残疾人就业服务软实力：一是加强残疾人就业服务机构人员队伍水平的提升，二是建立基层残疾人就业辅导员队伍，面向残疾人提供服务。

5. 落实残疾人按比例就业。通过全国残疾人按比例就业情况联网认证跨省通办，了解全国用人单位按比例就业缺口，搭建残疾人与用人单位桥梁，针对开展就业和培训服务，推进落实残疾人按比例就业。

## 三、工作模式

残疾人就业服务是国家治理体系的组成部分，信息化赋能，打造现代化工作模式，适应社会治理现代化需要，是残疾人事业高质量发展、促进残疾人就业的必然选择。

1. 指尖上的便利。随着残疾人就业创业网络服务的深入推进，残疾人对指尖上的便利要求越来越高。残疾人就业创业网络服务不仅是公开信息的简单发布、查询，各地服务平台也应建设APP、小程序等无障碍应用，探索向社会提供互动服务，实现及时、实时服务。

2. 线上线下双服务。鉴于服务对象不同残疾类别和不同学历水平，残疾人就业创业网络化服务要采取线上线下双服务模式，不得拒绝线下服务。

（涂强根供稿，赖伟审订）

# 跨省通办残疾人按比例就业联网认证系统

“跨省通办”是一种政务服务模式。推进政务服务“跨省通办”，是转变政府职能、提升政务服务能力的重要途径，是畅通国民经济循环、促进要素自由流动的重要支撑，对于提升国家治理体系和治理能力现代化水平具有重要作用。

2020年9月29日，国务院办公厅发布《关于加快推进政务服务“跨省通办”的指导意见》（国办发〔2020〕35号）。党中央、国务院陆续出台审批服务便民化、“互联网+政务服务”、优化营商环境等一系列政策文件，从高频政务服务事项入手，2020年底前实现第一批事项“跨省通办”，2021年底前基本实现高频政务服务事项“跨省通办”。残疾人按比例就业联网认证就是“跨省通办”事项之一，由中国残联牵头，会同人社部、市场监督管理总局、国家税务总局、国家医疗保障局、退役军人事务部共同实施。

## 一、工作目标

中国残联完成残疾人按比例就业联网认证跨省通办系统的搭建，按照统一的规范、流程建设完成全国残疾人按比例就业统计管理系统与残疾人按比例就业业务申办系统标准版。各省区市根据中国残联跨省通办残疾人按比例就业联网认证总体工作方案，制定业务申办系统标准版的实施计划，做好各相关部门数据对接的组织协调工作，并按统一技术规范接入中国残联建设的全国残疾人安排比例就业统计管理系统，全面落实全国残疾人按比例就业业务跨省通办的工作目标。

1. 建立国家、省、市、县四级标准统一、信息互通的按比例安排残疾人就业年审与统计管理系统，并实现与同级人社、税务、医保等有关部门信息互通。

2. 通过统一身份认证对接，进行信息自动比对、认定，实现用人单位在“跨省通办”专区申请“残疾人按比例就业”认证服务不同地域无差别受理、同标准办理。

3. 实现全国按比例安排残疾人就业年审数据按照统一标准，全量、实时汇聚到全国残疾人按比例就业统计管理系统，用户在全国残疾人按比例就业统计管理系统可及时查看办理信息和进度。

4. 提升“跨省通办”服务能力建设。强化残疾人就业服务“跨省通办”管理和服务能力，设置“跨省通办”服务专区和窗口，配备专业设备和人员，提升服务队伍专业水平。

## 二、主要任务

全国残疾人按比例就业情况联网认证跨省通办，主要任务是建立国家、省、市、县四级统一，业务规则统一，流程标准统一，线上和线下统一的残疾人按比例就业情况联网认证体系。为此，全国各级残联及各级相关部门应积极联通，从以下几个方面开展工作：

1. 国家建设，各省部署。中国残联顶层设计与建设残疾人按比例就业业务申办系统标准版。各省、直辖市残联部门实施部署标准版系统，以系统统一建设、分级部署的模式实现全国残疾人按比例就业业务的标准化服务。

2. 部省（市）联动、数据协同共享。建设全国残疾人按比例就业统计管理系统，各省（市）业务申办标准系统统一接入统计管理系统，逐级配备联网认证设备和专职人员，并组织专职人员开展培训、考核与安全保密教育，实现残疾人按比例就业业务数据的向上归集和高效整合，实现业务的跨省通办。同时，在保障数据安全的前提下，建立与市监、税务、人社、医保等部门的数据共享交换，最大程度实现数据跨部门协同与共享。

3. 统一标准，安全保障。制定全国统一的业务标准、安全规范，提升全国各级残联部门对残疾人按比例就业业务标准化、管理规范化水平。

## 三、时间节点

要在2021年年底之前实现“跨省通办”，时间紧任务重，对全国残联系统是一次重大挑战。为此，中国残联积极部署，明确重要时间节点。

中国残联在年中完成残疾人按比例就业联网认证系统（包括全国残疾人按比例就业统计管理系统与残疾人按比例就业业务申办系统标准版）建设，制定全国统一的标准业务流程、跨部门数据协同共享的对接标准。

2021年年底，各省（市）实施部署残疾人按比例就业业务申办系统标准版，并接入全国残疾人按比例就业统计管理系统，确保实现业务跨省通办。中国残联组织并验收各省（市）残疾人按比例就业业务跨省通办工作。

## 四、保障条件

为完成跨省通办，各级政府积极组织专班，落实经费，确保按期完成任务。

1. 组织保障。全国残疾人按比例就业情况联网认证“跨省通办”为国务院督办重点工作，各省区市政府将此项工作列为2020—2021年重点工作，成立“全国残疾人按比例就业情况联网认证”工作小组，确保2021年年底前必须完成。

2. 经费保障。国办指导意见已对“强化经费保障”提出了具体要求，相关工作已逐级部署。各省区市根据《“跨省通办”全国残疾人按比例就业情况联网认证工作指导意见》，确保相关工作预算到位。

3. 压实责任。各省区市残联主要领导亲自部署，做到任务明确、责任到人，并按照国务院“跨省通办”工作要求倒排工作时间表，落实工作进度。

## 五、总结验收

为顺利完成全国残疾人按比例就业情况联网认证跨省通办，分两步进行验收：一是中国残联组织检查对省（市）按比例就业业务申办系统标准版实施部署工作，以及与相关省级部门的数据对接工作，确保各省（市）残联人按比例就业业务标准化、规范化运行；二是2021年底国务院对全国残疾人按比例就业情况联网认证跨省通办进行总体验收。

（涂强根供稿，赖伟审订）

# 创新规范发展盲人按摩事业

“十三五”期间，中国残联陆续出台了盲人按摩相关规定，完善了盲人医疗按摩管理体系，初步搭建了盲人保健按摩培训评价体系。但随着国家各行业大力推进电子化信息管理系统，盲人医疗按摩人员和机构无法融入卫生技术人员管理系统等问题逐渐凸显。“十四五”期间，为解决盲人医疗按摩人员在医疗机构执业比例较低等问题，规范盲人保健按摩行业管理，中国残联将大力推进盲人按摩相关政策制度的建设完善，保障盲人医疗按摩、保健按摩行业规范有序发展。

## 一、目标任务

1. 修订《盲人医疗按摩管理办法》，完善盲人医疗按摩法规政策，新建、扩建10所残联所属的盲人按摩专科医院，促进盲人按摩医疗人员执业就业。

2. 促进盲人保健按摩行业规范化、标准化、专业化、品牌化发展。

3. 完善盲人保健按摩和医疗按摩扶持政策，鼓励扶持更多盲人在按摩行业从业。

## 二、保障措施

1. 制定完善盲人医疗按摩行业管理政策，促进盲人医疗按摩行业发展。“十四五”期间中国残联将与卫健委、中医药管理局、人社部、医疗保障局修订《盲人医疗按摩管理办法》，并出台相关配套政策。各地要认真贯彻落实《盲人医疗按摩管理办法》（修订稿）及配套文件，积极出台本地实施细则，做好新旧政策过渡，保障盲人医疗按摩事业稳步发展。

2. 做好省级盲人按摩专科医院建设。已确定建立省级盲人按摩专科医院的省区市，要协调同级发改委、卫健委、财政、中医药管理部门，按照相关规定完成发改委立项工作，保障医院用地、资金、人员，落实好盲人按摩医院建设工作。

3. 多途径促进盲人医疗按摩人员进入医疗机构执业。依托社区卫生服务中心、康复机构、敬老院和社区服务机构开发盲人医疗按摩岗位或购买服务，鼓励社会力量设立集中安排盲人医疗按摩人员就业的医疗机构，解决盲人医疗按摩人员执业问题。鼓励和扶持盲人医疗按摩人员按规定开办盲人医疗按摩所，以创业带动就业。

4. 完善盲人保健按摩水平评价体系。委托中国盲人按摩学会、盲校、保健按摩等专业机构，按照《盲人保健按摩培训标准》，编写中级、高级、技师、高级技师等级别的盲人保健按摩培训教材。各地按照标准要求，组织好当地相应级别的盲人保健按摩培训。建立各级别的盲人保健按摩考评员队伍，按照相关规定，持证上岗，保证盲人保健按摩人员技能水平。

5. 制定当地盲人按摩扶持政策。各地要协调同级财政、税务等部门，制定当地的盲人医疗按摩、保健按摩扶持优惠政策，在盲人培训、机构、就业、社保、水电等方面争取相关优惠政策；通过长期稳定的扶持优惠政策，增强盲人按摩人员及机构市场竞争力，以扶持促管理，促进盲人按摩行业健康有序发展。

6. 制定盲人按摩行业规范。依托中国盲人按摩学会等第三方机构，制定盲人保健按摩服务标准、机构建设规范等并大力推广。打造盲人按摩品牌，提升社会认可度，增强市场竞争力，推动盲人保健按摩行业规范化、标准化、专业化、品牌化发展。

## 三、进程安排

1. 盲人医疗按摩管理办法修订工作。2021 年 4 月底前启动修订工作，2021 年年底完成征求意见稿起草工作，2022 年上半年完成会签工作，2022 年下半年起制定相关配套政策并全国推广贯彻落实。

2. 盲人按摩医院建设工作。建立省级盲人按摩医院的省区市，2021 年年底前协调同级发改委完成项目立项。“十四五”期间，根据当地情况完成医疗机构建设工作，2025 年年底完成医疗机构资质申报工作。

3. 盲人按摩行业扶持政策。2021 年，各地协调同级财政、人社等部门起草当地盲人医疗按摩、保健按摩行业扶持规定，2022 年完成政策制定。

4. 盲人保健按摩行业服务规范、机构建设标准。2021 年依托中国盲人按摩学会等第三方机构，起草制定盲人保健按摩行业服务规范。2022 年起全国推广。

5. 完善盲人保健按摩水平评价体系。2021 年委托中国盲人按摩学会启动编写中级、高级、技师、高级技师教材编写工作，2022 年底完成编写工作。“十四五”期间定期组织考评员培训，搭建盲人保健按摩考评员队伍。

## 四、督导检查

1. 各地要将盲人就业执业促进工作纳入政府重要民生工程。在政府统一领导下，明确任务目标，进行任务分解，在发改委、财政、卫生行政主管等部门积极支持配合下，建立分工负责、运转协调的工作机制。成立盲人按摩医院专家咨询委员会，定期对“十四五”期间建设省级盲人按摩医院的省区市进行督导检查，提出指导性建议。

2. 国家卫健委、中医药管理局、人社部、医疗保障局、中国残联等根据职责分工指导地方贯彻落实《盲人医疗按摩管理办法》。

3. 加强资金监管和风险防控。加强基建、设备经费专项审计和廉政风险防控工作，保障资金安全和效益。各省区市残联结合实际情况，研究制定具体措施，确保各项工作落实到位。

4. 各地按年度开展检查评估，督促落实。中国残联将组织中期检查和终期评估，并建立通报公示制度。

（于滨供稿，赖伟审订）

# 四、关爱服务

1. 加强残疾人健康服务
2. 提升残疾人康复服务质量
3. 加快发展康复辅助器具服务
4. 强化残疾预防
5. 健全残疾人教育体系
6. 完善特殊教育保障机制
7. 提升残疾人公共文化服务
8. 推动残疾人体育全面发展
9. 大力发展残疾人慈善事业和服务产业
10. 加强残疾人服务标准化和行业管理

# 推动残疾人康复事业高质量发展

康复是残疾人最迫切、最现实的需求，是改善残疾人功能状况，增强残疾人自我发展能力的最直接手段，是残疾人就学、就业、融入参与社会生活的前提。

“十三五”时期，残疾人作为重点人群纳入健康中国建设大局，残疾人康复服务纳入基本公共服务规划，康复法规政策进一步完善，康复服务状况显著改善，康复服务体系不断健全，通过组织实施残疾人精准康复服务行动等，残疾人基本康复服务覆盖率达到80以上。同时，残疾人康复事业发展不平衡不充分的问题仍然突出，距高质量发展的要求和残疾人康复需求还有较大差距。具体表现在：残疾人康复服务水平不高，专业化程度仍然较低，先进技术应用、推广不足，服务质量、效果有待提高；残疾人康复服务供给能力仍然较弱，基层特别是农村地区的专业康复机构、康复专业技术人才仍较匮乏，社会资本、社会力量的作用还未得到充分发挥；残疾人康复相关保障制度还不健全，保障水平仍然较低；残疾人康复知识、政策信息等宣传普及仍不到位，残疾人康复意识、能力还有待增强。

“十四五”是残疾人康复事业发展的重要战略机遇期。党中央、国务院在“十四五”远景目标建议和规划纲要明确提出“提升康复服务质量”的部署要求，为做好残疾人康复工作提供了有力政治保障，指明了前进方向。国家重视保障和改善民生，不断加大投入，提高基本公共服务均等化水平，全面推进健康中国建设，为做好残疾人康复工作创造了有利条件。残疾人康复法规政策不断健全，事业发展基础不断夯实，为做好残疾人康复工作奠定了坚实基础。全社会关心支持残疾人康复工作氛围日益浓厚，残疾人对美好生活的向往激发多层次、多样化的康复需求，为做好残疾人康复工作营造了良好环境。

“十四五”残疾人康复工作的指导思想是：以习近平新时代中国特色社会主义思想为指导，全面贯彻党的十九大和十九届二中、三中、四中、五中全会精神，贯彻落实习近平总书记关于残疾人康复事业的重要指示批示和党中央、国务院决策部署，坚持保基本、补短板、强弱项，以推动高质量发展为主题，以完善残疾人康复保障制度和服务体系为主线，以改革创新为动力，着力满足残疾人基本康复需求，不断提升残疾人康复服务质量，进一步满足残疾人美好生活需要。

努力实施残疾人精准康复服务行动，积极推动残疾人康复事业高质量发展，必须做好以下主要重点工作：

## 一、牢固树立残疾人健康服务大局观念和全方位全周期服务意识

真正将残疾人作为重点人群切实纳入健康中国建设、健康中国行动大局，坚持为残疾人提供全方位全周期的健康服务。加强残疾人健康管理，全面推进残疾人家庭医生签约服务，为残疾人提供基本医疗、公共卫生和健康管理等服务，有条件的地方将残疾人基本康复服务纳入签约服务范围。着力改善残疾人医疗服务，为残疾人就医提供合理便利。加强残疾人心理健康服务。开展爱耳日、爱眼日、残疾预防日、精神卫生日等宣传教育活动，增强

残疾人健康意识和能力。

## 二、努力完善残疾人康复保障制度

将残疾人康复服务纳入地方经济和社会发展规划、基本公共服务规划等，加大政府保障残疾人基本康复服务的力度。

提高残疾人医疗保障水平。进一步落实好《关于新增部分医疗康复项目纳入基本医疗保障支付范围的通知》，有条件的地方推动更多医疗康复项目和治疗用辅助器具纳入基本医疗保险。试点地区将残疾人纳入长期护理保险试点保障范围。

全面实施残疾儿童康复救助制度。提高残疾儿童康复服务水平，优化经办服务水平，努力提高救助标准、扩大救助范围，保障残疾儿童康复救助制度安全、高效运行，实现应救尽救目标。完善儿童残疾筛查、诊断、康复救助衔接机制，实现残疾儿童早发现、早治疗、早康复。

加强残疾人基本辅助器具适配服务保障政策建设，推动有条件的地方建立、出台残疾人基本辅助器具适配补贴制度。

## 三、加强残疾人康复服务体系建设

推动健全多元化的残疾人康复服务体系，贯彻落实《关于加快推进康复医疗工作发展的意见》，指导加强各级康复医疗机构建设，健全完善康复医疗服务体系。增强儿童福利机构康复服务能力。完善特殊教育学校和普通学校资源教室康复服务条件，做好残疾儿童康教融合服务。探索推进残疾人康复工作与工伤康复工作的协作机制。

加强残疾人专业康复机构建设，贯彻全面康复理念，完善服务功能。巩固、壮大国家、省、市、县四级残疾人康复机构，进一步发挥国家级残疾人康复机构技术资源中心作用，加强省级、市级残疾人康复机构规范建设，支持县级普遍建立残疾人康复服务设施。开展残疾人专业康复机构评估，以评促建，提升机构规范建设和服务水平。整合社会力量，发挥好社会组织、民间资本的作用，满足残疾人多样化、多层次康复需求。

贯彻落实《残疾人社区康复工作标准》《精神障碍社区康复服务工作规范》等，深化社区康复工作，为残疾人提供就近就便康复服务。激发残疾人自身潜能，主动参与康复活动，开展脊髓损伤者“希望之家”生活重建训练、精神障碍患者家属专家交流互助等残疾人自助、互助康复服务。

## 四、着力提升残疾人康复服务质量

实施残疾人精准康复服务行动。依据残疾人基本服务状况和需求调查，精准识别有需求的残疾人和残疾儿童，制订康复服务计划，以县（市、区、旗）为单位，协调卫生健康、民政等部门，组织专业机构、家庭签约医生团队等力量，为残疾人提供康复医疗、康复护理、辅助器具适配等基本康复服务。健全残疾人康复行业服务标准、技术规范，建立残疾人康复服务质量监测体系，开展满意度调查、服务质量评价，保障康复服务质量。

加强康复人才教育培养。加强临床医学、特殊教育等专业教育中的康复知识、能力培养。加快建设高起点、高水平、国际化的康复大学。强化康复人员岗位培训。推进康复医疗从业人员培训，提高全科医生、家庭医生团队康复服务能力。开展残疾人专业康复机构专业技术人员规范化培训，制定统一培训大纲，分级设立培训基地，健全师资队伍，建立较完善的规范化培训组织领导体系、技术支撑体系、管理制度，形成工作机制，实现“十四五”期间全国残联系统所有在岗及新进康复专业技术人员接受规范化培训。完善残疾人康复相关职业分类、职业标准，畅通职业晋升通道。制定康复辅助技术咨询师等职业标准，开展助听器验配师、听觉口语师、假肢师、矫形器师等人员培训。

加强康复科技创新和信息化建设。推动残疾人康复纳入有关科技计划，促进生命健康、人工智能等前沿科技在残疾人康复领域示范应用，推动残疾人康复、辅助器具产品研发。推动康复信息化建设，加强工作衔接和信息共享，落实“放管服”要求，提高便民服务水平；大力开展“互联网＋”康复（辅助器具）服务，创新服务模式、服务手段，提高康复服务质量、效率。

（孙光供稿，胡向阳审订）

# 加强残疾预防，促进全民健康

残疾严重损害个人健康、家庭幸福，影响经济社会健康发展，做好残疾预防工作对于保障人民群众生命安全、身体健康，提高全民族健康素质，促进经济社会高质量发展具有重大意义。党中央、国务院高度重视残疾预防工作。2016 年 8 月，习近平总书记在全国卫生与健康大会上强调“要增强全社会残疾预防意识”。2016 年 8 月 25 日，国务院办公厅印发《国家残疾预防行动计划（2016—2020 年）》（以下简称“行动计划”），对加强残疾预防，有效减少和控制残疾的发生发展做出部署。2017 年，国务院批准设立“残疾预防日”。

“十三五”期间，通过制定实施残疾预防行动计划，残疾预防工作取得显著成效。政府主导、多部门协调联动、社会共同参与的残疾预防工作格局进一步形成，残疾预防法规政策更加完善，全社会残疾预防意识显著提升，遗传和发育障碍、疾病、伤害致残防控及残疾康复服务各项任务有效落实，工作目标全面实现。

## 一、残疾预防工作面临的机遇与挑战

我国正处于新的发展阶段，生产生活方式、人口结构、疾病谱等迅速变化，给残疾预防工作带来不少新问题、新挑战，主要表现在：①致残因素复杂变化，残疾发生风险持续增高。近年来，我国慢性非传染性疾病发生率不断升高，成为主要致残因素，例如，全国每年新增250余万名脑卒中患者，多会造成严重残疾。我国人口老龄化趋势加剧，将进一步导致残疾总人口的增加。第七次人口普查数据显示，60岁以上老年人口达到2.64亿。据推测，到2050年，仅由于老年人口增加，我国残疾人口就将达到1.65亿。②残疾预防工作仍存在薄弱环节。个别地方政府对残疾预防工作的统筹领导作用发挥不充分、部门协调联动机制还未充分建立；少数地区未能针对人群致残风险差异和工作实际，研究、制订更有针对性的残疾预防工作方案。③全民残疾预防意识有待提高。只有全民行动，每个人都成为自身健康的主人，残疾预防工作才有扎实的社会基础，但少数地区残疾预防宣传流于形式、缺乏实效，宣传内容重点不突出、针对性不强，导致重点人群残疾预防意识不强、知识普及率偏低。

“十四五”时期，残疾预防工作更面临难得的发展机遇。“五位一体”总体布局和“四个全面”战略布局深入推进，党中央、国务院对加强残疾预防做出新部署，提出新要求，为做好残疾预防工作提供了有力指导；推进健康中国建设上升为国家战略，健康优先的理念逐步普及，健康逐步融入经济社会发展各项政策，为残疾预防事业加快发展提供了有力支撑；残疾预防工作基础日益增强，科学技术不断进步，全社会共同关注残疾预防的氛围日渐浓厚，为新时代打开残疾预防工作的新局面创造了有利条件。

为贯彻落实党中央、国务院关于健康中国建设的各项决策部署，进一步加强残疾预防，有效减少和控制残疾的发生发展，《“十四五”残疾人保障和发展规划》明确提出要“强化残疾预防”。中国残联将积极协调有关部门进一步贯彻落实《残疾预防和残疾人康复条例》，以制定实施“十四五”残疾预防行动计划为抓手，做好残疾预防工作的规划、推进。

## 二、"十四五"残疾预防工作指导思想和主要任务

"十四五"时期残疾预防工作的指导思想是：坚持以习近平新时代中国特色社会主义思想为指导，贯彻预防为主的方针，以基层为重点，以改革创新为动力，将残疾预防融入经济社会发展各领域，增强全民残疾预防意识，健全完善残疾预防工作体系，提高全社会残疾风险综合防控能力，有力保障人民群众生命安全、身体健康。

"十四五"残疾预防工作将遵循政府主导、联防联控；人人尽责、共建共享；系统推进、早期干预的原则，在医疗卫生、安全生产、道路交通安全、食品药品安全、环境保护、防灾减灾、残疾康复等重点领域，充分衔接现行法律、法规、规划等，设定明确的工作任务和可考核的量化指标，组织实施一批残疾预防重大行动，进一步推进残疾预防工作高质量发展。

具体包括：

**1. 开展残疾预防知识普及行动**

建立完善残疾预防科普知识资源库，针对重点人群、主要致残因素定期更新、发布残疾预防核心知识。加强重点人群残疾预防知识普及，面向儿童、青少年、新婚夫妇、孕产妇、婴幼儿家长、老年人、高危职业从业者等重点人群开展针对性宣传教育。持续开展残疾预防日宣传教育活动，同时，利用爱耳日、爱眼日、防治碘缺乏病日、出生缺陷防治日、精神卫生日、防灾减灾日、全国消防日、全国交通安全日等宣传节点，加强残疾预防知识专题宣传，充分利用群众喜闻乐见的活动形式、传播方式与技术，提升各类宣传教育活动的影响力、实效性。

**2. 开展出生缺陷和发育障碍致残防控行动**

加强婚前、围孕期保健。指导科学备孕，为计划怀孕夫妇提供健康教育、咨询指导、筛查评估、综合干预等孕前优生服务。广泛开展产前筛查，加强重大出生缺陷的产前筛查和诊断。推进高龄孕产妇等重点人群的分类管理和服务。加强儿童早期筛查，全面开展新生儿遗传代谢疾病和听力筛查。做好以视力、听力、肢体、智力及孤独症等五类残疾为重点的0—6岁儿童残疾筛查工作，加强信息互联共享，实现儿童残疾筛查、诊断、干预相衔接的管理和服务体系。

**3. 开展疾病致残防控行动**

加强慢性病致残防控，强化高血压、糖尿病等慢病患者规范管理，做好并发症的筛查和干预。丰富家庭医生签约服务内涵，推进基层慢性病医防融合管理。持续开展脑卒中等高危人群筛查与干预项目。着力做好防盲治盲、防聋治聋工作。加强精神疾病防治，强化重点人群心理健康服务和个体危机干预，加强对主要致残性精神疾病的筛查识别和治疗。做好严重精神障碍患者规范管理。加强传染病及地方病致残防控，全面实施国家免疫规划，继续将致残性传染病的疫苗接种率维持在高水平。针对地方病流行状况，实施重点地方病监测全覆盖，持续消除重大地方病致残。加强职业病致残防控，强化重点人群劳动保护，避免接触有毒有害因素，预防尘肺病、职业中毒、噪声等致残。

**4. 开展伤害致残防控行动**

加强安全生产监督管理，实施工伤预防专项计划。加强消防安全治理，排查治理人员密集场所消防安全隐患。加强道路交通和运输安全管理，强化重点车辆安全管理。加强儿童伤害和老年人跌倒致残防控，开展儿童伤害综合干预模式，推广使用儿童安全座椅。推广老年友好环境建设，鼓励适老化家居环境改造，开展预防老年人跌倒干预和健康指导。增强防灾减灾能力，加强风险隐患排查及群众性应急演练。加强农产品和食品药品安全监管，严厉打击制售假劣药品医疗器械违法行为，持续加强药品不良反应和医疗器械不良事件监测。加强饮用水和空气污染治理干预，加强水源保护和水质保障，持续开展大气污染防治行动。

**5. 开展康复服务促进行动**

加强康复医疗服务，完善康复医疗服务指南和技术规范。积极发展社区和居家康复医疗。保障残疾人基本康复服务，开展残疾人基本需求与服务状况调查，持续组织实施残疾人精准康复服务行动，为残疾人提供基本康复服务。全面实施残疾儿童康复救助制度，实现应救尽救。积极推动有条件的地区出台政策，对残疾人基本辅助器具适配给予补贴。加强失能失智老年人照护服务，建立经济困难的失能失智老年人补贴制度，加快实施长期护理保险制度试点。提升无障碍设施建设水平，继续开展无障碍环境市县村镇创建，持续推动加快无障碍环境建设和改造，实施重度残疾人家庭无障碍改造行动。加快发展信息无障碍。

## 三、加强组织领导

残疾预防是一项社会系统工程，残疾预防工作贯穿社会各个领域，需要政府主导，多部门协调联动。国务院残疾人工作委员会将协调、督促各部门将“十四五”残疾预防行动计划确定的任务纳入部门工作安排，将加强对地方残疾预防工作的指导，适时对重点任务进展、主要指标实现情况开展评价。各地区残疾人工作委员会应结合本地实际研究制定好本地残疾预防行动计划，健全工作推进机制，推动将残疾预防各项工作任务纳入相关评价、考核机制，对进度滞后、工作不力的地区、部门及时提醒督促，确保实现各项任务目标。各地残联组织要积极承担政府残工委日常议事协调职责，协助政府制定本地残疾预防行动计划，定期组织召开会议，了解相关部门工作进展情况，督促落实各项任务。同时，应牵头组织开展好残疾预防日宣传教育活动，普及残疾预防知识，组织实施残疾人精准康复服务行动、残疾儿童康复救助制度等，努力改善残疾人康复服务。

（宫蕊、周红玲供稿，胡向阳审订）

# 加强辅助器具服务网络建设，完善服务保障制度

辅助器具是帮助残疾人补偿、改善功能，提高生存质量，增强社会生活参与能力最基本、最有效的手段。《“十四五”残疾人保障和发展规划》提出要“加快发展康复辅助器具服务”，《“十四五”残疾人康复服务实施方案》进一步明确了“十四五”期间残疾人辅助器具工作的具体任务和要求。

## 一、辅助器具对促进残疾人全面发展的重要作用

辅助器具对残疾人的重要性在国际社会已形成广泛共识，《残疾人权利公约》强调，获取辅助器具，既是残疾人应当享有的权利，也是残疾人实现其他权利的必要条件。2018 年 5 月，第 71 届世界卫生大会通过、我国参与制定的《增进获得辅助技术决议》，敦促各国制定政策、培训人员、确保辅助器具的获得和安全使用、编制重点产品清单、促进研发和创新、鼓励产品制造和供应方面的国际合作、开展相关数据收集、促进建立包容性的无障碍环境、促进将重点辅助器具和包容性无障碍环境纳入突发事件防范和应对规划。2016 年，国务院发布《关于加快发展康复辅助器具产业的若干意见》，充分体现了党和政府对残疾人辅助器具工作的高度重视。

辅助器具种类繁多，根据第 6 版 ISO9999，已有 12 个主类、132 个次类和 801 个支类，涉及产品数万种，关系到残疾人生存发

展的方方面面。做好残疾人辅助器具服务，能够帮助残疾人维持或改善功能，参与教育、就业、娱乐等活动，进而过上健康、富有成就、有尊严的生活，对于减少残疾人对常规卫生服务、支持性服务以及长期照护的需求，减轻照护者的负担，解放家庭劳动力等具有不可替代的重要意义。

“十三五”期间，我国残疾人辅助器具事业快速发展，重视辅助器具服务社会共识进一步形成；辅助器具服务网络持续完善，全国共有2027个机构开展残疾人辅助器具服务，2400多辆流动服务车投入运行；辅助器具补贴制度和产业综合创新试点在一些地区先行先试并初见成效；辅助器具专业化建设取得进展，辅助技术工程培训、康复人才实名制培训等项目持续实施，“康复辅助技术咨询师”新职种设立，残疾人与失能半失能老年人康复辅助器具评估与适配体系应用示范、残疾人急需的基本型辅助器具研发与推广等课题立项并实施。《残疾人事业发展统计公报》显示，过去5年累计有1252.5万人获得了辅助器具，“十三五”规划纲要提出的“残疾人辅助器具适配率80%”的目标顺利实现。

同时，残疾人辅助器具工作发展不平衡不充分问题的依然突出，保障制度不健全、服务资源不均衡、服务标准缺乏和不统一、服务专业化程度不高等仍制约着行业高质量发展。加强服务网络建设，完善服务保障制度，是“十四五”时期残疾人辅助器具工作的重点努力方向。

## 二、推动“十四五”残疾人辅助器具工作系统性发展

辅助器具服务不单纯是产品的配置，而是政策、服务网络、人才、标准、信息、产品研发生产、金融等诸多要素构成的系统性工程。世界卫生组织GATE计划提出辅助器具服务的模型（见

下图），对谋划和推动“十四五”残疾人辅助器具工作具有重要参考意义。

**世界卫生组织辅助器具服务5P模型图**

《“十四五”残疾人保障和发展规划》《“十四五”残疾人康复服务实施方案》立足我国实际，充分借鉴世界卫生组织的相关意见，明确了“十四五”期间残疾人辅助器具工作的任务和要求。贯彻实施好“十四五”规划、实施方案，需着力把握好以下要点：

1. 坚持“以人民为中心”的发展思想。要充分认识到，在“巩固拓展残疾人脱贫攻坚成果”“促进残疾人全面发展、共同富裕”“保障残疾人平等权利”“增强残疾人自我发展能力”等部署中，发挥好辅助器具的作用尤为重要。一方面，要从残疾人的生存发展需要出发，考量残疾人的辅助器具需求，做到需求导向、精准识别、精准施策。另一方面，要多倾听残疾人的心声，让残疾人深度参与辅助器具服务过程，增进残疾人对辅助器具的认知，提高他们用好辅助器具、追求美好生活的意识和能力。

2. 继续提升辅助器具服务的可及性。我国辅助器具服务网络已初步形成，但与井喷式发展的高质量辅助器具服务需求相比，服务机构数量及能力仍显不足，区县级服务机构仍不健全，社区、农村的服务资源明显匮乏。“十四五”期间，一要坚持基本辅助器具服务的公益属性，在基本公共服务体系的框架下，进一步加强省、市、县、社区辅助器具服务网络建设，建设一批骨干辅助器具服务机构。二要有效运用互联网、大数据等技术，搭建国家级辅助器具服务平台，推广“互联网 +”辅助器具服务，同时，要进一步增加或更新流动服务车，打通辅助器具服务的“最后一公里”。三要继续组织实施残疾人精准康复服务行动，通过残疾人基本服务状况和需求专项调查，精准掌握残疾人辅助器具需求，主动提供辅助器具服务，确保有需求的残疾人普遍享有基本辅助器具服务。

3. 继续加强服务专业化建设。与庞大的服务群体相比，与人们日益增长的高质量辅助器具服务需求相比，我国辅助器具人才队伍缺口仍然很大，学科建设仍然滞后。“十四五”期间，一要借助中国康复大学建设有利契机，在大学开设辅助技术相关专业，促进专业人才的源头培养，并完善辅助技术学科建设。二要制定和实施康复辅助技术咨询师职业评定标准，继续完善辅助技术职业建设。三要立足应用，组织实施好全国残联系统康复专业技术人员规范化培训，建立分层次培训的工作机制，加强辅助器具适配专业技术人才岗位培训；同时，应积极开展社区辅助器具服务培训，让广大社区工作人员掌握更多的辅助器具知识和服务技能。

4. 进一步丰富辅助器具产品供给。当前，从新一代信息技术到人工智能、大数据、虚拟现实、区块链、智能制造等一系列先进技术呈现出集群式突破的特征，为加速辅助器具产业变革创造了机遇；物联网、先进机器人、基因工程、脑机接口、康复机器人、3D 打印技术等在辅助器具研发和服务中有广阔的应用空间，将引领辅助器具产品、服务向智能化、人性化方向进一步发展。

在这一趋势当中，残联组织要积极推动先进科技成果在残疾人辅助器具研发和服务中的应用，促进辅助器具服务业高质量发展。

5. 继续健全辅助器具服务的政策支持体系。从需求侧讲，辅助器具服务保障政策将由救助型向福利型转变，各地要进一步推进残疾人基本辅助器具适配补贴制度建设，同时，要推动将相关辅助器具服务纳入基本医疗保险等制度保障范围，进一步保障残疾人辅助器具服务，释放服务需求。从供给侧讲，要继续深入实施《国务院关于加快发展康复辅助器具产业的若干意见》，总结推广康复辅助器具产业综合创新试点的经验，完善辅助器具研发、生产的支持政策。

6. 继续深化辅助器具领域的国际合作。要进一步夯实与世界卫生组织现有合作关系，办好全球辅具产业大会和中国国际福祉博览会等，并不断打造新的国际交流合作平台，拓展国际合作圈。要积极服务外交大局，积极与“一带一路”沿线国家及国际组织在辅助器具技术、人才、产品等方面加强交流合作；要充分发挥我国辅助器具产品优势，丰富国际辅助器具供给，通过多种形式，推介我国高质量辅助器具，为国产辅助器具企业走出国门开拓渠道，为全球增进辅助技术获得贡献中国智慧和中国方案。

（吴小高、李婷、韩纪斌供稿，
胡向阳审订）

# 完善特殊教育保障机制，提升特殊教育质量

党的十九届五中全会提出“建设高质量教育体系”“完善特殊教育保障机制”，与党的十七大“关心特殊教育”、十八大“支持特殊教育”、十九大“办好特殊教育”的要求相比，不仅有了更深的内涵，还为“十四五”时期特殊教育改革发展指明了方向。

“十四五”时期，要深入贯彻落实党的十九届五中全会精神和“十四五”教育规划、残疾人保障和发展规划，以及第三期特殊教育提升计划，坚持以人民为中心，突出高质量发展这个主题，切实把残疾人教育放在强弱项、补短板的突出地位，努力办好让人民满意的特殊教育。

## 一、巩固、提高适龄残疾儿童少年义务教育普及水平

2020 年底，适龄残疾儿童少年义务教育入学率达到 95% 以上，“十四五”期间将提升至 97% 以上。

由于支持保障体系尚不完善，残疾学生的控辍保学压力较大，送教上门服务亟须规范，重度残疾和多重残疾儿童的入学安置还面临困难，特教师资队伍建设仍有待加强。因此，要加快采取有效措施，巩固、提高适龄残疾儿童少年义务教育普及水平。

一是抓住招生入学关键环节，坚持招生入学与控辍保学工作同步开展。发挥残疾人教育专家委员会和家长委员会的作用，实

现“一人一案”科学教育安置，对身体具备学习条件的，要采取多种方式做好就学安置；对不具备学习条件的，经县级残疾人教育专家委员会评估认定，可以办理延缓入学或休学，并按规定纳入相关救助保障范围。

二是按照《关于进一步加强控辍保学工作健全义务教育有保障长效机制的若干意见》（教基〔2020〕5号）要求，残联组织、教育部门等部门密切合作，持续常态化开展控辍保学工作。对已入学的残疾儿童少年做好跟踪监测，积极与教育、财政等部门沟通，加大对残疾学生的资助和支持力度，防止因家庭经济困难、学习困难、缺少支持保障等原因而辍学。

三是规范送教上门服务。建立健全残疾儿童少年入学评估机制，以区县为单位，由残疾人教育专家委员会对适龄残疾儿童少年的残疾状况、入学需求等进行排查评估，给予科学教育安置。坚持“非必须不送教”的原则，尽最大努力减少送教上门人数和比例。

## 二、加快发展非义务教育阶段特殊教育

1. 着重发展以职业教育为重点的残疾人高中阶段教育。充分挖掘现有教育资源，保障残疾人接受高中阶段教育的权利。普通中职院校要创造条件积极招收残疾学生。每个省区市至少办好一所面向全域招生的残疾人中等职业学校，确保完成义务教育且有意愿的残疾青少年都能接受适宜的中等职业教育。特殊教育学校可以通过与职业院校联合办学等形式，开展残疾人中等职业教育。办好现有的普通盲人高中、聋人高中，为盲、聋学生接受高水平高等教育打好基础。

2. 基本普及以融合教育为主要形式的残疾儿童学前教育，为

残疾儿童顺利接受义务教育做好准备。支持幼儿园、特教学校、残疾儿童康复机构和儿童福利机构等开展学前康复教育，鼓励社会力量创办多种形式的学前融合幼儿园。探索制定完善残疾儿童学前康复教育机构建设标准、设置标准和服务规范，引导康复机构加快向学前教育转型。坚持医康教结合、家校（园）互动，充分引导、培训、激励家长参与到学前康复教育之中，进一步提高残疾儿童学前教育质量。建设一支稳定、数量够用、有质量的残疾儿童学前教育专业队伍。

3. 稳步推进残疾人高等教育。要推动普通高校积极招收符合录取标准的残疾人考生，参照义务教育随班就读工作指导意见要求，开展残疾人高等融合教育。加强高校无障碍和专业支持体系建设，并在高考和大学学习、生活等方面提供更多的合理便利。支持并规范高校面向残疾人考生开展的单考单招，为残疾人接受高等教育提供支持服务。开展高校残疾人毕业生就业服务专项工作，进一步加强残疾人大学毕业生就业服务，积极推动按比例安置残疾人就业，党政机关和国有企事业单位带头招录残疾人。举办线下和网络专场招聘会，组织企业与残疾大学毕业生面对面招聘。加强残疾人继续教育和职后培训，为每一个残疾人终身学习、成长成才提供教育制度保障。

## 三、着力提升特殊教育质量

1. 进一步提高融合教育水平。深入贯彻落实《关于加强残疾儿童少年义务教育阶段随班就读工作的指导意见》（教基〔2020〕4号），使适龄残疾儿童少年就近进入普通学校，尽可能地随班就读。普通学校要建立校内专业支持体系，建立融合教育管理机构和共同体性质的专业团队，建设资源教室，根据教育评估及残疾学生特殊需要进行课程与教学适性调整；充分利用资源教室为残疾学生开展个别学业辅导、学习策略指导、心理调适、康复训练等特殊教育专业服务。加强特殊教育指导中心建设，逐步建立融合教育巡回指导制度及体系，发挥特殊教育学校骨干作用和区域特殊教育资源中心作用，对残疾学生在普通学校随班就读工作进行技术指导，形成特教学校和普通学校责任共担、资源共享、相互支撑的工作机制。

2. 加强师资队伍建设。支持师范院校和其他高校扩大特教教师的培养规模，提高培养质量。加强在职教师队伍培训和继续教育，特别是做好对普通教师的特殊教育知识技能培训，营造良好的融合教育环境和氛围。提高特教教师待遇和社会地位，结合本地实际提高特殊教育津贴标准，扩大覆盖范围。提高特教教师高级职称评聘比例，教师表彰向特殊教育教师倾斜。

3. 发挥信息技术和辅助技术支撑作用。研发与应用各类教具、学具和康复辅助器具，注重残疾学生的潜能开发和缺陷补偿。加强特殊教育信息化建设和应用，利用国家中小学网络云平台和专业平台等，充分发挥信息技术的独特优势，远程支持残疾学生居家学习和家庭教育。

4. 推广国家通用手语和国家通用盲文。招收听力和视力残疾学生的特教学校（院）推广使用国家通用手语和国家通用盲文。到2025年，凡是担任手语和盲文相关专业教育的教师，需通过国家通用手语和国家通用盲文能力水平测试。

## 四、完善特殊教育保障体系

1. 党委和政府把残疾人教育列入议事日程。各级党委和政府要坚持以人民为中心，更加重视、关心和支持特殊教育，自觉地将残疾人教育事业纳入地方经济社会发展的总体规划，列入议事日程，特事特办，采取有力措施，优先加快各类残疾人教育事业高质量发展。建立部门间信息共享交流机制或特殊教育联席会议制度，形成部门分工协作、齐抓共管、协调有效的工作机制，完善议事机制，深化特殊教育改革，统筹推进各级各类特殊教育协同发展。

2. 加大特殊教育投入力度。落实《国家基本公共服务标准(2021 年版)》（发改社会〔2021〕443 号）“学有所教”和“弱有所扶”有关要求，做好残疾人教育相关基本公共服务。各地根据当地经济发展水平和实际情况，义务教育阶段生均公用经费在6000 元基础上适当增加，并建立动态调整机制。尽快出台学前教育、高中阶段教育和高等教育生均公用经费标准；加大对中西部特殊教育发展的专项支持和中央财政转移支付力度，提高特殊教育财政供给能力。

3. 改善特殊教育办学条件。继续改善特殊教育学校办学条件，支持 20 万人口以上的县（市）独立设置特殊教育学校。重视孤独症学生教育工作，有条件的省区市建立一所独立建制的孤独症儿童特殊教育学校。每个省区市至少办好一所面向全域招生的残疾人中等职业学校，加强残疾学生实习实训基地建设。

4. 做好特殊教育督导工作。按照《对省级人民政府履行教育职责的评价办法》（国办发〔2017〕49 号）和有关规定要求，加大对特殊教育的督导力度，在县域义务教育基本均衡发展督导检查时纳入特殊教育发展情况。完善特殊教育质量评价标准，推动特殊教育课程教学改革，全面提升特殊教育质量。

5. 加大残疾学生资助和扶持力度。落实从学前到研究生教育全覆盖的学生资助政策，实行残疾学生从学前教育到高中教育阶段的 15 年免费教育。为残疾学生提供辅助器具适配、特殊学习用品、康复训练和无障碍等支持服务。残疾人就业保障金按比例用于支持残疾人职业教育等。为残疾学生参加各级各类升学考试和部分职业考试提供合理便利。

6. 建立良好的社会支持环境。加强全社会人道主义教育、帮困济残公德教育和社会主义核心价值观教育，加强城乡公共场所无障碍建设，积极开展形式多样的助残帮扶的志愿者活动，形成全社会支持特殊教育发展的良好氛围。积极鼓励企事业单位、社会组织、公民个人捐资助学。

（林帅华供稿，张新龙审订）

# 提升残疾人宣传文化服务能力和水平

中共中央远景目标建议明确提出，到2035年建成文化强国，并强调在“十四五”时期推进社会主义文化强国建设。这是以习近平同志为核心的党中央基于历史和现实、着眼全局和长远做出的战略决策，标志着我国文化建设在“两个一百年”奋斗目标接续推进中进入了一个新的历史阶段。残疾人文化事业是社会主义文化的重要组成部分，在党中央、国务院的格外关心、格外关注下得到了长足发展。特别是在“十三五”期间，残疾人群众文化和特殊艺术不断发展，残疾人参与文化活动日趋活跃，残疾人精神文化生活日益丰富，残疾人生活质量得到显著提高。《“十四五”残疾人保障和发展规划》明确把“提升残疾人公共文化服务，丰富残疾人精神文化生活”作为重点任务。

## 一、面临问题

一是区域间、城乡间文化建设发展不平衡。受经济发展等因素影响，中西部地区一些农村公共文化设施老旧、条件简陋，提供的服务种类和数量偏少，形式较为单一。适合残疾人的公共文化产品相对较少，服务也较为薄弱，盲文出版物、视听读物、手语节目数量有限，一些公共文化场所配备的无障碍设施较少，功能不完善。

二是服务效能发挥不充分。群众喜闻乐见的公共文化产品还不够丰富。一些地方举办的公益性演出、组织的送文化下乡等活动以及社区或农家书屋配备的图书等，与群众实际文化需求不完全适应，缺乏吸引力。有的公共文化设施位置偏远，残疾人群众利用不便。适合残疾人的数字公共文化资源还不够丰富，网络服务提供不充分。盲人阅览室建设项目未考虑盲人出行困难、不方便到阅览室看书或参加活动的特点，实际到场参与文化活动、使用阅听设备的残疾人较少。线下服务模式单一，导致项目带动残疾人积极参与文化阅读的作用不够显著。

三是社会力量参与不够规范深入。近年来，虽然出现了一些社会力量参与公共文化设施建设、管理以及公共文化服务的典型事例，但社会力量参与的广度和深度需要进一步拓展。社会力量在公共文化服务机构管理和运营等方面发挥的作用不明显。文化志愿者管理、教育培训、激励保障等方面的机制还不完善，规范化、水平有待提高。

四是专业人才不足。当前公共文化服务专业人才总量不足，缺口较大，特别是有文艺专长、懂网络、会管理等方面的人才紧缺。在基层特别是农村地区，普遍存在人员不足、年龄老化、专职不专干和“人才进不来，来了留不住”等问题，缺少素质优良、业务适配、热心事业的专业人员。很多基层文化站点、农家书屋的管理人员都是兼职，缺乏组织开展活动的积极性和主动性。

## 二、工作思路

### 1. 指导思想

高举中国特色社会主义伟大旗帜，深入贯彻当的十九大和十九届二中、三中、四中、五中全会精神，坚持以习近平新时代中国特色社会主义思想为指导，贯彻落实习近平总书记关于残疾人事业的重要论述，立足新发展阶段，贯彻新发展理念，适应新发展格局需要，自觉承担起举旗帜、聚民心、育新人、兴文化、展形象的使命任务，坚持稳中求进、守正创新，建设具有较强传播力、影响力、引导力、公信力，资源集聚、优势互补、上下联动的中国残联媒体矩阵，和城乡均衡、便利可及、供给丰富、保证有力的残疾人公共文化服务体系。

### 2. 基本原则

一是坚持党的全面领导，深入学习贯彻习近平总书记关于社会主义文化建设的重要论述，强化残疾人宣传文化工作的政治导向，把坚持党管宣传、党管意识形态、党管媒体等原则落实到残疾人宣传文化工作的全过程。

二是坚持以人民为中心。坚持对残疾人格外关心、格外关注，解决好残疾人最关心、最直接、最现实的利益问题。坚持问需于民、问计于民、问效于民，进一步增强残疾人文化福祉。

三是聚焦基层基础。坚持从实际实效出发，着力完善残疾人公共文化服务体系，增加农村残疾人公共文化服务总量供给，改善残疾人文化生活品质，帮助残疾人共享经济社会发展成果。

### 3. 工作目标

一是全面推进残疾人文化服务建设，进一步建立残疾人公共文化服务网络，公共文化场所和残疾人综合服务设施为残疾人提供文化服务的能力明显提高。

二是城乡社区残疾人普遍参与社会文化生活，融入社会，更多残疾人能够经常性参与文化活动，残疾人参与社会生活的程度全面提升。

三是残疾人特殊艺术水平明显提升，残疾人特殊艺术和文化创意产业独具特色、彰显魅力、富有活力，残疾人文化艺术品牌作用发挥明显。

四是残疾人事业全媒体传播能力进一步提升，引领广大残疾人更加自觉听党话、跟党走，人道主义精神、“平等·参与·共享”理念更加深入人心，为新时代残疾人事业发展营造良好的社会环境。

## 三、工作措施

### 1. 坚定文化自信，弘扬社会主义核心价值观

营造自强和助残的文明社会氛围。深入学习贯彻习近平新时代中国特色社会主义思想，学习宣传习近平总书记关于残疾人事业的重要论述，坚持以社会主义核心价值观为引领，厚植残疾人事业发展的思想文化基础。广泛传播“平等·参与·共享”的现代文明社会残疾人观，动员各级各类媒体，统筹做好残疾人保障和发展的重要政策、重点工作、重大活动的宣传报道工作，为全

面建设现代化国家新征程创造良好的舆论文化环境，提供强有力的思想保证、舆论支持和精神动力。

推动"学听跟"活动持续开展。坚持马克思主义在意识形态领域指导地位，不断强化理论武装，推动习近平新时代中国特色社会主义思想入脑入心、落地生根。重点推出一批残疾人自强模范和助残先进的典型报道，倡导志愿助残理念，褒扬公益助残行为，以残疾人群众喜闻乐见、便捷爱用的宣传文化产品为载体，打牢团结奋进新征程的思想基础，引导广大残疾人听党话、跟党走。

加强各级残疾人事业新闻宣传促进会的组织建设。充分发挥新促会的社会工作属性，组织开展形式多样的社会宣传和文化活动。继续打造残疾人事业发展蓝皮书，组织每两年一次的全国残疾人事业好新闻作品评选和各地人民广播电台残疾人专题节目展播活动，开展残疾人事业新闻人物和助残人物评选等宣传平台和品牌活动。

加强残疾人融媒体平台建设。建设中国残联、省、市、县四级宣传矩阵，依托网络视听媒体开设残疾人文化宣传专题节目。持续办好中央人民广播电台和各级人民广播电台、电视台已有的残疾人专题节目和手语栏目。鼓励电视台、广播电台、网络视听媒体和融媒体中心开设残疾人专题节目。鼓励影视作品、网络视频加配字幕，鼓励有条件的省市级电视台开播国家通用手语和实时字幕栏目。加强与县级融媒体中心、新时代文明实践中心、农家书屋等阵地的融合，聚焦服务基层残疾人群众，提高信息服务水平。

积极开展对外宣传。加大与外宣媒体、港澳和海外华文媒体的合作力度，加强英文网站、残疾人频道建设，通过组织刊登专版、专刊、专稿，编印外宣画册、折页等形式，讲好中国残疾人的故事，传播好中国残疾人事业的声音，树立中国政府保护残疾人合法权益、发展残疾人事业的良好国际形象。

### 2. 着力发展残疾人公共文化服务

各级公共图书馆、文化馆（站）、博物馆（纪念馆）、美术馆、非遗展示馆和文物建筑及遗址类博物馆等公共文化设施要有为残疾人提供服务的场地和内容，要免费或优惠向残疾人开放，并提供无障碍服务。各级公共图书馆、文化馆（站）要面向不同残疾类别人群，开展形式多样的个性化差异化文化服务。

国家有针对性实施的送戏曲、送电影、送展演、送科普等一系列“文化惠民工程”，以及在都市商圈、文化园区等区域创新打造的“城市书房”“文化驿站”等新型文化业态，乡村优秀传统文化活化利用和创新发展、因地制宜建设的文化礼堂、乡村戏台、文化广场、非遗传习场所等主题功能空间，要针对残疾人的实际困难和特殊需求，提供必要的服务内容和参与条件，让文化助残更加实际、文化惠残更加精准、服务内容更加丰富均等。

推动公共图书馆盲文阅览室（区）建设，省地县三级公共图书馆全部建立盲人阅览室（区），增加配备盲文图书、视听文献资源及有关阅读设备，提供盲文读物、有声读物、大字读物、无障碍版本的电影、电视剧等产品，做好阅读服务工作。

持续开展“全国残疾人文化周”“共享芬芳·共铸美好”等残疾人群众性文化艺术活动，实施文化进社区、进残疾人家庭“五个一”文化项目，为10万户困难、重度残疾人家庭开展读一本书、看一场电影、游一次园、参观一次展览、参加一次文化园活动文化服务。

依托新时代文明实践中心和基层文化设施，在全国推动创建一批残健融合文化服务示范中心（点、站），探索有效推进残疾人文化工作的经验和方法。

### 3. 着力繁荣残疾人特殊艺术

持续扶持以特殊教育学校为主的残疾人特殊艺术人才培养基地建设，加强残疾人特殊艺术人才和师资培养。举办第十届、第十一届全国残疾人艺术汇演。举办国际特殊艺术交流活动，开展残疾人文化艺术国际交流。

支持中国残疾人艺术团创编精品舞台演出剧目，培育《我的梦》特殊艺术品牌。扶持各类残疾人文化艺术团体建设，鼓励残疾人参与文化艺术创作，支持残疾儿童少年艺术教育。

扶持出版残疾人题材和服务残疾人、反映残疾人事业或残疾人创作的图书、音像制品，扶持优秀残疾人作家作品翻译出版。

### 4. 着力推动残疾人文化产业建设和残疾人文化旅游服务水平

持续扶持残疾人文化产业基地建设，制定残疾人文化创意产业基地的规范标准，培训和指导从业残疾人，建设残疾人文化艺术网络销售平台，推进残疾人文化产业发展。

鼓励残疾人参与文化艺术创作和非物质文化遗产传承，扶持一批残疾人非物质文化遗产基地建设和残疾人非遗工匠，举办残疾人文化艺术博览会和非遗产品交流会，展示残疾人特殊文化艺术及非遗成果。

针对各类残疾人特殊需求，协调文化和旅游部门推出更多定制化旅游产品、旅游线路，开发适合残疾人的体验性、互动性强的旅游项目，满足残疾人特殊性、多层次旅游需求。

### 5. 着力提高残疾人文化工作队伍的服务水平和能力

初步建立自上而下、分级负责的残疾人文化管理人员和残疾人文化艺术指导员培养培训机制。以基层文艺工作者、残疾人工作者、特教学校教师、残疾人亲友为主体，培养热心残疾人文化服务事业、具备残疾人文化艺术咨询指导能力、项目拓展能力和活动组织能力的社会文化指导员队伍。

紧紧依托乡镇（街道）文化服务指导员，结合乡镇（街道）文化站、村（社区）综合性文化服务中心在新时代文明实践中的作用，进一步推进新时代文明实践文化服务工作的开展，促进残疾人共建共享公共文化资源和公共文化设施。加大对乡镇（街道）文化服务指导员服务残疾人的业务培训和实践锻炼，鼓励各地打造一支懂业务、善管理、肯上进的残疾人文化工作者队伍。

## 四、重要活动及项目

### 1. 全国残疾人艺术汇演

全国残疾人艺术汇演每四年举办一次，由中国残联、教育部、民政部、文化和旅游部及国家广电总局共同主办，旨在丰富和活跃残疾人精神文化生活，发现和培养优秀特殊艺术人才，以优秀的文艺作品营造良好的社会氛围，满足广大残疾人对美好生活的向往。

“十四五”期间，拟举办两次全国残疾人艺术汇演。第十届全国残疾人艺术汇演已定于2021年举办，片区汇演举办地点为宁夏银川和浙江绍兴，举办时间为2021年8月。

全国残疾人艺术汇演涌现了一大批优秀节目和优秀人才，活跃了基层残疾人文化生活。第九届全国残疾人艺术汇演期间，中央主要媒体刊播消息100多条（新闻联播2次），有关新闻媒体转发数万条，引发了全社会的广泛关注。

### 2. 残疾人文化产业建设和参与非物质文化遗产传承

“十三五”期间，中国残联持续扶持对残疾人文创产业建设。累计确定172个全国残疾人文创基地，安排约2.4万名残疾人文创就业。通过持续扶持，全国在建设残疾人文化创意产业基地方面取得了良好成效，有力推动了残疾人文化就业创业，在助力贫困残疾人脱贫攻坚等方面发挥了积极作用。

“十四五”时期，中国残联将进一步加强残疾人文化产业建设，并持续推动残疾人参与非物质文化遗产传承。支持有关机构成立全国残疾人文创就业联盟，争取文化和旅游部共同印发《关于积极引导残疾人参与非遗保护试点工作的通知》，确定首批23个省区市的50个机构和第一批试点支持的28名残疾人非遗工匠。未来将继续充分依托传统工艺带动残疾人就近就业和稳定增收的独特优势，发挥文化“扶志”“扶智”和扶残助残作用，帮助广大残疾人参与学习传统工艺，激发内生动力，有效促进就业。

### 3. 继续开展好文化进残疾人家庭“五个一”项目

“十三五”规划将“五个一”项目列为重点工作，截至2020年底，全国累计完成任务数近20万户。各地精心组织适宜的残疾人文化活动、送文化服务上门，让贫困、重度残疾人家庭可以就近就便享有文化服务，取得良好反响。

“十四五”将继续对中西部和农村地区重度残疾人家庭予以格外关心关注，提供“五个一”文化活动和文化服务。有条件的地方可以依托新时代文明实践中心和基层文化设施，增添必要的文化设备，推动基层创建一批残健融合文化服务示范中心（点、站）。

### 4. 加强残疾人融媒体平台建设

“十三五”期间，中国残联建立了加强全会媒体融合发展的工作机制，结合各宣传文化直属单位改革，研究制定了中国残联贯彻落实习近平总书记讲话精神、推动媒体融合发展的实施方案。用多种传播方式和丰富多彩的载体传播主流思想舆论，形成卓有成效的信息资源共享机制，加大整合力度，进一步优化资源配置，不断增加新媒体的粉丝黏度，逐步扩大平台影响力。

“十四五”时期，中国残联将以推进传统媒体、新媒体融合发展为契机，整合残联系统宣传文化资源，加快残疾人事业图片资源库和视频资源库等基础设施建设，打造中国残联融媒体中心。建设中国残联、省、市、县四级宣传矩阵，依托网络视听媒体开设残疾人文化宣传专题节目。加强与县级融媒体中心、新时代文明实践中心、“农家书屋”等阵地的融合，聚焦服务基层残疾人群众，提高信息服务水平。

（张晶帆供稿，郭利群审订）

# 全面提升城乡无障碍环境建设管理水平

2020年9月17日，习近平总书记在长沙主持召开基层代表座谈会时指出："无障碍设施建设问题，是一个国家和社会文明的标志，我们要高度重视。"十九届五中全会通过的《中共中央关于制定国民经济和社会发展第十四个五年规划和二〇三五年远景目标的建议》要求"健全老年人、残疾人关爱服务体系和设施"，对加快无障碍环境建设提出了明确要求。

加强无障碍建设，帮助残疾人走出家门、融入社会，共享经济社会发展成果，是顺应残疾人过上美好生活新期待的实际举措，是为社会全体成员创造平等参与社会、实现融合发展的重要条件，是完善城乡基本公共服务的重要内容，是应对老龄化、满足适老化需求的重要措施，是助力乡村振兴的重要抓手，是建设美丽中国、健康中国的重要体现，是促进人的全面发展和社会全面进步的重要基础。

"十四五"无障碍环境建设的主要目标是：到2025年，无障碍环境建设长效法律保障机制基本建立，无障碍基本公共服务体系更加完备，信息无障碍服务深度应用，无障碍人文环境不断优化；城市全面进行无障碍环境建设和改造，提高村镇无障碍环境建设和改造水平，完成110万户困难重度残疾人家庭无障碍改造。主要有以下几项重点工作。

## 一、完善无障碍环境建设和维护政策体系

### 1. 加快推进无障碍环境建设立法进程

《中华人民共和国民法典》第281条规定，经业主共同决定，建筑物及其附属设施的维修资金可以用于无障碍设施等共有部分的维修、更新和改造。目前我国《残疾人保障法》《老年人权益保障法》《道路交通安全法》《公共文化服务保障法》等也规定了相关无障碍环境建设内容。但总的说来，法律中关于无障碍的规定呈碎片化，且法律间缺乏有效衔接，《无障碍环境建设条例》位阶又较低。

为适应经济社会发展和全面深化改革的要求，进一步完善我国无障碍环境建设，全面推进依法治国、推进国家治理体系和治理能力现代化，发挥立法的引领和推动作用，“十四五”将加快推进无障碍环境建设立法工作，从国家层面明确无障碍范围、环节和领域，倡导无障碍理念，完善体制机制。具体包括：一是细化《无障碍环境建设条例》原有宏观性、指导性规定要求，提高法律条款实践中的适用性和可操作性；二是与时俱进，丰富增加条款内容，包括规定已建成设施无障碍改造时限、无障碍改造经费投入、对业主进行无障碍建设和改造给予税收、行政事业性收费减免的激励性条款等，提高法规的实施力度；三是进一步明确政府相关主管部门的责任，明确拒不进行无障碍环境建设和不提供无障碍服务的法律责任。各地要结合地方实际，加快制定修订地方无障碍环境建设法规规章，加强法规规章执行情况监督检查，推进落实。

### 2. 完善无障碍环境建设推进工作机制

“十四五”期间，将进一步完善无障碍环境建设推进工作机

制，推动建立无障碍环境建设协调领导小组或部际联席会议制度，定期协商研究推进无障碍环境建设相关问题，把无障碍环境建设纳入城乡规划和政府发展大局，加强无障碍环境建设顶层设计，改变传统“九龙治水”格局，完善全流程、全链条监管体系，系统解决已建设施不系统、不规范、既有环境改造欠账问题。

各地要推进将无障碍环境建设纳入国民经济社会发展规划、城乡建设规划、残疾人保障和发展规划、老龄化、信息化规划等，健全本地由政府领导牵头，相关部门参与的无障碍环境建设领导小组或联席会议制度，制定本地无障碍环境建设“十四五”实施方案，明确任务目标和工作措施，确保无障碍建设与城乡建设同步规划、设计、建设、管理。残疾人、老年人对无障碍环境最有发言权，各地要进一步推进建立残疾人、老年人代表等参与的无障碍环境建设体验促进队伍，为体验促进工作开展提供保障条件，更好地推进当地无障碍环境建设工作开展。

## 二、新建设施严格执行无障碍相关标准

### 1. 落实《无障碍通用规范》全文强制性标准要求

2012 年出台的《无障碍设计规范》是目前我国开展无障碍环境建设的国家标准和技术依据，全国各类新建、改建和扩建的道路、广场、绿地、居住区、居住建筑、公共建筑及历史文物保护建筑等均须执行该规范。“十四五”期间，住房城乡建设部将出台《无障碍通用规范》全文强制性标准，完善无障碍相关技术参数，加大规范实施力度，发挥标准的引领作用，新建、改建和扩建无障碍设施的设计、施工验收和维护必须遵守规范，旧有设施无障碍改造参照执行，对违反无障碍设计标准和规范按照相关规定予以处罚，确保无障碍环境建设规范化、系统化。

### 2. 完善无障碍环境建设通用设计和合理便利标准体系和评价体系

“十四五”期间，将以通用设计和合理便利为原则，全面梳理现行标准，开展现行规范的修订，鼓励编制无障碍国家、行业、团体、地方标准，推广通用性、便利性、包容性全龄友好设计，进一步强化标准的科技支撑，提高无障碍标准的水平，完善无障碍环境建设标准体系和评价体系，增强公共空间无障碍环境连贯性和系统性。各地要加大无障碍标准贯彻实施力度，强化无障碍标准的实施监督，注意标准之间的有效衔接，建立一体化、整体性的解决方案，提升无障碍环境建设质量和水平。

## 三、加快开展社区服务设施、公共服务设施、残疾人服务设施等无障碍建设和改造

残疾人基本公共服务是政府公共服务体系的重要组成部分，享有基本公共服务是公民的基本权利，保障人人享有基本公共服务是政府的重要职责。“无障碍环境建设”已被列入《国家基本公共服务标准（2021 版）》80 项基本公共服务内容之一。

“十四五”时期，为促进残疾人平等参与社会融合发展，要重点推进与残疾人生活密切相关的居住建筑、居住社区，医疗、教育、文化、体育、交通、金融、邮政、商业、旅游、餐饮等公共服务设施，康复、托养、社会福利等残疾人服务设施以及残疾人集中就业单位等加快开展无障碍建设和改造。

具体而言，一是在乡村建设行动、城市更新行动中统筹推进无障碍设施建设和改造，老旧小区改造和社区建设同步开展无障碍改造。二是推动相关行业和领域制定无障碍环境改造专项规划，明确目标，规定时限，加大投入，提高公共场所无障碍改造水平。

三是出台残联系统无障碍环境建设和改造标准，做好残疾人综合服务设施、康复、托养等服务设施无障碍建设和改造工作，充分发挥行业示范作用。四是建立无障碍环境建设监督与反馈机制，强化责任主体和主管部门监管责任。

各地要结合当地实际，借鉴北京、杭州、哈尔滨经验，制定本地区无障碍建设专项规划或导则，实施本地区无障碍建设专项行动，积极回应社会关切，突出人文关怀，强化公众参与，增加经费投入，加大改造力度，切实提升无障碍建设精细化水平。

## 四、开展无障碍市县村镇达标验收工作

“十三五”期间，住房城乡建设部等五部委联合开展了无障碍环境市县村镇创建工作，共命名146个示范和达标市县村镇，为全国市县村镇开展无障碍环境建设树立了样板和标杆，充分发挥了典型的示范引领作用。

“十四五”期间，将立足新发展理念，由示范创建改为达标验收后挂牌，进一步完善细化评选标准和要求，将“十四五”无障碍环境建设目标和任务切实嵌入到城乡规划建设管理中，与文明城市创建等工作相结合，调动各地积极性，扩大参与覆盖面，提高达标验收实效，全面提升无障碍环境建设质量和水平。

各地要总结“十三五”创建经验，争取党委、政府支持积极参与达标验收工作，进一步健全各司其职、协调配合的工作机制，切实发挥组织、协调作用，落实工作机制保障、技术支撑责任，把优势资源投放到基层，系统提升市县村镇道路、公共建筑、城市广场和城市绿地、公共交通设施、福利及特殊服务建筑、公共停车场（库）、居住区、居住建筑、信息交流无障碍建设水平。

## 五、推进无障碍设计设施认证工作

认证认可检验检测是市场经济条件下加强质量管理、提高市场效率的基础性制度，开展无障碍认证为政府监管无障碍环境提供了科学机制，能够减少无障碍工程质量隐患，提升无障碍环境建设效率，有利于引导无障碍设施和产品整体质量提高，能够为政府履行监督职责提供有效的保障。目前，一些发达国家已有较为成熟的无障碍审查和认证制度可供借鉴。我国已相继出台一系列无障碍环境建设的法律法规和标准规范，从法律和顶层设计上大力保障和推进无障碍环境建设，为实施无障碍认证提供了政策依据和技术支撑。

“十四五”期间，为进一步创新机制，发挥质量认证的作用助推无障碍环境建设高质量发展，将出台关于推进无障碍环境质量认证工作的相关政策，建立有效的协调机制，在重点领域逐步开展产品、管理体系和服务认证，推进无障碍环境建设相关标准、认证的采信和推广应用工作，推动建立系统化的无障碍环境建设质量认证体系。

各地要加强组织指导，充分挖掘市场消费、产品创新、社会治理等方面的需求，鼓励认证机构积极开展无障碍环境相关产品、管理体系和服务认证，创新发展无障碍认证业务，加强人才培养和认证机构能力建设，全面培育研发和市场能力，实现依靠法律规范、行政监管、认可约束、行业自律、社会监督五位一体的多元化共治局面。

## 六、实施残疾人家庭无障碍改造

### 1. 完成 110 万户困难重度残疾人家庭无障碍改造

残疾人家庭无障碍改造是提高残疾人生活质量、解放残疾人家庭劳动力、促进残疾人参与社会、共享改革发展成果的一项重要举措。《国民经济和社会发展第十四个五年规划和二〇三五年远景目标纲要》第五十章第四节“提升残疾人保障和发展能力”提出“支持困难残疾人家庭无障碍设施改造”，“专栏 19：社会关爱服务行动”明确“补贴 110 万户困难重度残疾人家庭无障碍设施改造”。

“十四五”期间，中央财政将继续通过彩票公益金对困难重度残疾人家庭无障碍改造予以适当补助。各地要充分发挥中央补助资金撬动作用，运用各项政策工具加大综合协调和资金保障力度，立足经济发展水平和城乡发展实际，聚焦城乡困难重度残疾人家庭，根据困难重度残疾人家庭实际情况，着力保障困难重度残疾人家庭生活基本需求，按照保基本、广覆盖的原则，因地制宜，分类施策，消除残疾人家居生活障碍，提高残疾人居住环境和生活品质，助力残疾人的全面发展和共同富裕。

各地要坚持需求和问题导向，科学分解改造任务，结合老旧小区改造、城市更新行动、乡村建设行动、城市保障房建设、新型农房建设、农村危房改造等重点工作，统筹推进将困难重度残疾人家庭无障碍改造纳入党委政府工作大局，明确责任分工，完善投入机制，加大宣传力度，切实完成 110 万困难重度残疾人家庭无障碍改造任务。

### 2. 提升残疾人家庭无障碍改造水平

已完成困难重度残疾人家庭无障碍改造任务的地区，可提升改造水平，对其他有需求的残疾人家庭进行无障碍改造。各地要以高质量发展为主题，以满足残疾人日益增长的美好生活需要为目标，拓展资金投入渠道，根据资金统筹力度、经济发展水平、城乡地域差别，按照各类残疾人的特点、需求与居住环境科学合理确定改造项目内容，出台指导性目录和推荐清单，有条件的地方可适当提高改造标准，研究丰富本地区改造项目，引入新技术、新材料，增加智能化改造内容，进一步提升改造水平。

（王芳供稿，张东旺审订）

# 推动残疾人体育全面发展

“十三五”期间，残疾人体育事业取得了累累硕果。中国体育代表团在2016年里约残奥会、2017年第二十三届夏季听障奥运会上均创造了参赛以来的最好成绩，2018年实现远南运动会、亚残运会参赛九连冠，2019年第十五届世界夏季特奥会取得运动成绩和精神文明双丰收；2019年天津全国第十届残运会暨第七届特奥会与全国运动会同城举办。2021年陕西全国第十一届残运会暨第八届特奥会与全国残运会同地同期先后举办，浙江杭州成功申办2022年亚残运会，为残疾人体育融合发展提供了机制性保障，开创了新的模式。

尤其是备战北京冬残奥会实现跨越式发展，2018年平昌冬残奥会实现了我国冬残奥会金牌和奖牌零的突破。残疾人大众冰雪运动快速起步，全方位为冬奥组委和冬残奥会筹办工作提供支持。

残疾人康复健身体育服务不断提升，参与率和覆盖面不断扩大，“健身周”“特奥日”“冰雪季”活动品牌效应突出，残疾人参与体育锻炼的热情日益高涨，体育活动参与率由“十二五”末期的6.8%增长到17.8%，康复健身体育实现了新发展。

“十四五”时期，残疾人体育要更好承担起为国争光的光荣使命，努力服务残疾人健康生活，积极践行人类命运共同体理念，帮助残疾人参与体育、融合社会、全面发展。

## 一、“十四五”时期残疾人体育的发展要求

1. 建设体育强国。习近平总书记指出：“体育是社会发展和人类进步的重要标志，是综合国力和社会文明程度的重要体现。体育承载着国家强盛、民族振兴的梦想。体育强则中国强，国运兴则体育兴。”并做出重要指示：“要把发展体育工作摆上重要日程，精心谋划，狠抓落实，不断开创我国体育事业发展新局面，加快把我国建设成为体育强国。”残疾人体育是我国体育事业的重要组成部分，从残疾人体育大国走向残疾人体育强国，就要把握残疾人体育梦与中国梦息息相关的定位，把谋划残疾人体育事业融入实现“两个一百年”奋斗目标大格局中，更新理念、深化改革、活跃基层，推动康复健身体育、竞技体育和“三奥”（残奥、聋奥、特奥）运动协调发展。

2. 满足残疾人需求。“加快建设体育强国，就要坚持以人民为中心的思想，把人民作为发展体育事业的主体，把满足人民健身需求、促进人的全面发展作为体育工作的出发点和落脚点，落实全民健身国家战略，不断提高人民健康水平。”体育是提高残疾人健康水平、促进康复健身、带动融入社会的重要手段；体育是满足残疾人对美好生活向往、促进全面发展的重要途径；体育是残疾人合法享有的基本权利和展示自身才华、参与社会生活的重要舞台。在实现全面小康社会后，要进一步深入了解广大残疾人在身体健康和精神文化方面的需求，提供更契合各类别残疾人需求的康复健身体育服务，引导残疾人树立起健康生活的意识，促进残疾人生活方式改变和身心健康，增强他们对生活的希望。

3. 推动事业发展。残疾人体育对推动残疾人事业发展有着特殊作用。残疾人体育工作在构建新型残疾人事业体系过程中，一

要发挥推动残疾人事业各领域均衡发展，保障残疾人权益，创造残疾人美好生活的事业作用；二要发挥作为重要宣传载体，诠释中国特色社会主义残疾人事业建设成果，展示中国残疾人体育运动风采，树立中国残疾人形象的平台作用；三要发挥作为重要交流渠道，增进国际友谊和推动友好往来，讲好中国残疾人故事，传播中国正能量，赢得和谐共享发展环境的载体作用。

## 二、机遇与挑战

“十四五”时期，残疾人体育要遵循“创新、协调、绿色、开放、共享”的发展理念，从残疾人实际需求出发，不断丰富和拓展工作内容。要逐步形成党委领导、政府主导、部门联合、地方推进、群体参与、社会支持的残疾人体育工作模式；要健全国家、省、县、乡四级联动的管理运行工作机制；要进行科学统筹，发挥残疾人的主体作用，让残疾人更加具有获得感和主导力；要加速提升康复健身体育服务水平，不断满足残疾人对美好生活需要。特别是要完成好筹办和参赛北京2022年冬残奥会和杭州第四届亚残运会重要任务，举办好2021年陕西全国第十一届残运会暨第八届特奥会。这是党和国家以及广大残疾人赋予残疾人体育工作的新期望和新要求，是必须完成好的历史使命，也为残疾人体育工作发展创造了难得的机遇。残疾人工作者要充分认识、牢牢把握、有效利用这样的发展机遇，乘势而上，推动残疾人体育工作在新的起点上实现新的更好的发展。

同时，站在新的历史起点上，残疾人体育事业发展面临着新的艰巨挑战：一是新型冠状病毒引发的全球肺炎疫情还没有得到很好控制，要做好疫情防控常态化背景下的残疾人体育工作持续健康发展。二是在东京残奥会延期举办的情况下，要应对一系列不确定因素，完成运动成绩和精神文明双丰收的任务。三是在北京2022年冬残奥会上，要完成“办赛精彩、参赛出彩”的光荣任务。四是满足残疾人日益增长的体育需求，实现康复健身体育有效服务。五是推动残疾人体育改革和残疾人体育组织建设发展，提升治理能力和水平。

## 三、重点任务

1. 筹办好北京冬残奥会。习近平总书记要求筹办和参赛北京2022年冬奥会和冬残奥会要实现“办赛精彩，参赛也要出彩”的目标。认真贯彻落实习近平总书记重要指示精神，全力做好备战北京2022年冬残奥会工作，是残疾人体育工作在“十四五”开局阶段的首要任务。

2. 提高竞技体育整体实力。面临新的发展环境，残疾人体育工作要深入研究国际发展的新趋势和国内发展新要求，主动适应变化，做好项目整体布局、运动员选拔训练和备战参赛安排；要努力保持传统项目领先地位，争取劣势项目获得突破、新兴项目勇于争夺席位；要发挥举国体制的优势，明确责任目标，分层落实各项保障措施，做好重大赛事备战工作，努力巩固和夯实竞技体育基础，促进各运动项目竞技水平整体提升，努力为国争光。

3. 推动康复健身身边化服务。围绕“六个身边”活跃基层，面向残疾人组织和社区（村）及残疾人集中的康复、托养、教育机构，提供更便捷、更精准的康复健身体育服务。要开展日常性残疾人康复健身体育活动，不断健全残疾人身边的康复健身体育组织，完善残疾人身边的康复健身体育设施，加强残疾人身边的康复健身体育指导，努力营造残疾人身边的康复健身体育文化氛围。继续支持残疾人专门协会开展各类残疾人康复健身体育活动。

4. 推动残疾人体育融合发展。推动残疾人体育发展纳入国家残疾人事业和体育事业大局，融入全民健身公共服务体系和健康中国规划。协调残疾人康复健身体育列入《全民健身计划（2021—2025）》和《“十四五”推进基本公共服务均等化规划》安排。争取全民健身基本公共服务面向残疾人康复健身体育提供特殊保障。推进各级残联组织、体育部门将残疾人体育发展列入当地“十四五”残疾人事业规划和全民健身安排，为残疾人康复健身提供专业支撑。深入开展特奥运动，充分利用社会资源，推广特奥融合运动。发展残疾人青少年参与体育运动，提升残疾人体育人口数量。组织残疾人体育志愿服务，动员社会组织发挥公益作用，关心帮助残疾人开展康复健身活动。

## 四、主要措施

1. 全力提升冬残奥运动参赛水平。克服新冠肺炎疫情对组团参加北京 2022 年冬残奥会的影响，及时研判形势变化，调整完善备战北京 2022 年冬残奥训练和参赛方案，加强对国家冬残奥集训队的监督和指导，组织开展国家集训队训练。举办冬残奥国内赛事，承办和参加冬残奥国际赛事，增加我国运动员获得分级、成绩达标的机会，力争更多 2022 参赛资格，确保备战工作有序高效，努力实现参赛出彩目标。

2. 继续举办中国残疾人冰雪运动季活动。积极开展适合残疾人参与的冰雪或仿冰仿雪运动项目，组织开展残疾人大众冰雪体育赛事，争取更多社会冰雪运动场所为残疾人服务，为残疾人参与冰雪运动创造更好条件。在特教学校开设冰蹴球等残疾人冰雪运动项目课程，组织特色课外锻炼活动，鼓励残疾学生参与冬残奥运动。在普通中小学举办冬残奥融合活动，传播和普及冬残奥知识和残奥理念。

3. 努力争取竞技体育为国争光。统筹全国资源，进一步提高残疾人竞技体育服务保障能力和科学训练水平，完善训练、管理、科研、信息、宣传、后勤一体化建设，多形式、多渠道、多措施聘任教练员和专职工作人员，提高专业人员业务水平。举办全国性残疾人体育锦标赛、邀请赛及区域赛事，鼓励和支持地方残联、残疾人体育组织、社会机构承办区域性、全国性、国际性残疾人体育赛事。筹办好杭州2022年亚残运会。积极发挥中国残奥委员会、中国特奥委员会、中国聋人体育协会作用，举办和参加国内外残疾人体育赛事。组团参加2022年世界冬季特奥会、2022年夏季听障奥运会、2023年冬季听障奥运会、2023年世界夏季特奥会、2024年夏季残奥会、2025年夏季听障奥运会、2025年世界冬季特奥会等重大国际残疾人运动会，展示风采，取得佳绩。

4. 着力保障康复健身体育服务。全面落实《关于进一步加强残疾人康复健身体育工作的指导意见》，在全民健身活动和比赛中开设残疾人组别、增加残疾人康复健身体育内容。组织举办“中国残疾人冰雪运动季”“残疾人健身周”“全国特奥日”等全国性活动，搭建残疾人康复健身体育全国活动平台，发挥省、市（县）、社区（村）联动效应，带动残疾人康复健身深入发展，营造扶残助残社会氛围。做好残疾人自强健身示范点设立、残疾人社会体育指导员队伍培养、重度残疾人康复健身体育进家庭服务等三个重点项目。研发推广适合各类别残疾人锻炼的小型康复体育和健身体育器材、创编普及项目和方法；开展支持残疾人康复健身国家区域示范中心建设，发挥发达地区示范引领作用；加强与乡村振兴计划的衔接，关注重点地区，提供专项支持。举办多层次特奥比赛和训练活动，组织开展运动员健康计划、领袖计划、幼儿运动员计划以及特奥融合学校活动，动员更多教练员、家长和志愿者支持参与特奥运动，让更多智力残疾人参与特奥运动。

5. 办好新模式残运会暨特奥会。全面推动落实全国残运会暨特奥会与全国运动会同城同期举办的新模式，实现同步筹办、节俭高效、融合共享、同样精彩的目标，发挥新模式效益。办好陕西 2021 年第十一届全国残运会暨第八届特奥会，全面展示第一个百年目标实现后我国残疾人事业发展成就和新时代残疾人新面貌。筹办 2025 年全国第十二届残运会暨第九届特奥会，全面检验“十四五”残疾人体育发展成果，展示残疾人事业发展新成就。推动省级残运会暨特奥会与省运会同城、同期举办，确保同样精彩。

（马历涛供稿，赵素京审订）

# 进一步加强残疾人康复健身体育工作

习近平总书记指出："体育是提高人民健康水平的重要途径，体育是满足人民群众对美好生活向往、促进人的全面发展的重要手段。"党的十八大以来，我国全民健身事业快速提升，全方位、全周期维护和保障人民健康的理念正不断深入人心。残疾人康复健身体育作为国家全民健身战略的重要组成部分，对引导残疾人树立健康生活意识、改变生活方式、增进身心健康、增强生活希望，以及平等参与社会有着特殊的价值和意义。"十四五"期间，残疾人康复健身体育工作将以实施"残疾人康复健身体育行动"为带动，不断提高残疾人体育服务的参与率和覆盖面，提升服务水平，让残疾人更有获得感和幸福感。

## 一、残疾人康复健身体育的概念

残疾人对体育的基本需求主要有两个方面。一是通过体育手段促进机能康复、增强代偿功能、提升身体能力、改善生活状态的康复需求，二是通过参与体育活动满足兴趣爱好、进行社会交往、实现个人价值的健身需求。

我们把为满足各类、各级残疾人对体育的不同需求，通过各种形式的体育载体如活动、比赛、设施、器材、项目、方法、指导、组织、机构等，组织残疾人参与康复健身活动、向残疾人提供必要的服务、引导残疾人健康生活的残疾人体育工作范畴，总称为“残疾人康复健身体育”。

## 二、残疾人康复健身体育工作的主要内容

### （一）主体工作

**1. 三项基本服务**

重度残疾人康复体育进家庭：为满足居家重度残疾人体育康复基本需求，由社会体育指导员依据“一人一案、注重实效”的原则，按照“入户调查、入户指导、入户回访”的工作程序，向其提供适合居家使用的康复体育小型器材、与之配套的知识方法及锻炼指导等服务内容的残疾人体育基本服务模式。

残疾人康复健身示范点：由各级残联组织、体育部门结合康养、教育、体育、社区（村）等残疾人机构资源或公共全民健身资源设立，具备一定规模和功能，为基层残疾人提供公益性康复健身体育服务的体育文化场所。示范点具有满足残疾人康复健身和社会交往需要、推广康复身体育项目和技能、传播康复健身体育知识和方法、进行康复健身体育咨询和培训、提供康复健身体育指导服务、组织开展残疾人健身体育活动的功能。同时，能够发挥引导、示范和宣传作用，是开展残疾人康复健身体育工作的“基层堡垒”。

残疾人康复健身体育指导员（即社会体育指导员）：由残联组织或体育部门培养，拥有创编残疾人康复健身体育项目、整理残疾人康复健身体育方法、制定残疾人康复健身体育方案、指导残疾人进行科学康复健身、组织残疾人开展康复健身体育活动、

为残疾人提供心理咨询疏导等方面能力的残疾人康复健身体育服务专业人员。

**2. 三场示范活动**

全国特奥日：2007 年，为迎接上海第十二届世界夏季特奥会，中国残联、教育部、民政部、国家体育总局联合发文将每年 7 月 20 日确立为“全国特奥日”，要求各地组织开展形式多样的特奥活动，至 2021 年已举办 16 次。活动以特奥运动为载体，以舆论宣传为导向，广泛普及特奥运动知识，促进了广大智力残疾人及亲友对特奥运动的认识和参与程度，提升了全社会对智力残疾人群体的关注度，营造了良好的社会氛围。全国特奥日已逐步成为一项残疾人群众体育公益性品牌活动，对我国特奥运动的快速发展，发挥了重要作用。

“残疾人健身周”：为纪念北京 2008 年奥运会成功举办，国务院批准从 2009 年起，将每年 8 月 8 日设立为我国的“全民健身日”。自 2010 年起，中国残联决定将每年“全民健身日”所在周确定为“残疾人健身周”，至 2021 年已举办了十一届。“健身周”期间，各地残疾人组织广泛动员残疾人及家庭走出家门，积极参与各种类型的康复健身体育活动，融入全民健身活动。各具特色、形式多样、内容丰富的残疾人大众体育健身、比赛等活动是“健身周”的主要活动内容。各残疾人专门协会和各地残联逐步形成了本机构、本地方的“健身周”品牌活动，拥有深厚的残疾人群众基础，受到残疾人朋友的热烈欢迎。

中国残疾人冰雪运动季：2015 年 7 月 31 日，北京联合张家口获得了 2022 年冬奥会和冬残奥会主办权。为推动融入“三亿人参与冰雪运动”，动员更多残疾人参加冬季体育康复健身，促进我国冬残奥项目和残疾人大众冰雪运动的发展和普及，保障残疾人平等享受冬季运动健身的权益，中国残联在 2016 年 11 月至 2017 年 3 月组织开展了“第一届中国残疾人冰雪运动季活动”。至 2021 年 3 月，已成功举办了五届。活动内容包括：在全国范围内普及大众冰雪运动知识，培养冬季项目残疾人体育社会指导员，开展形式多样、内容丰富的群众冬季项目活动，举办系列冬季项目赛事。全国 30 个省区市和各残疾人专门协会积极开展冰雪季活动，残疾人单季参与人次超过 30 万。

### （二）工作内容

残疾人康复健身体育是构成残疾人体育基本公共服务体系的主体，主要工作是面向个人、面向家庭、面向社区、面向机构为基层提供适合各类各级残疾人需要的康复健身体育服务。工作内容包括：研发推广康复健身体育器材，创编普及康复健身体育项目方法，创建完善康复健身体育设施，争取全民健身场所对残疾人免费或优惠开放，提供居家、社区或机构康复健身体育指导，举办康复健身体育培训班和训练营，组织开展康复健身体育大众比赛，举办康复健身体育融合活动，进行康复健身体育宣传，培养康复健身体育服务人才等。

## 三、残疾人康复健身体育行动的工作原则和任务

《“十四五”残疾人保障和发展规划》提出继续“实施残疾人康复健身体育行动”，“推动残疾人康复健身体育身边化服务”。

### （一）工作原则

坚持融合共享的原则，为残疾人提供平等参与、融合共享的

体育活动条件；

坚持满足需求的原则，兼顾不同类别和不同级别残疾人的特点设计和实施体育服务内容；

坚持示范引领的原则，充分调动社会各方力量，着力创建示范样板，带动更多残疾人参与康复健身；

坚持创新发展的原则，逐步完善服务体系，努力提高服务的质量和效益。

### （二）工作目标

面对残疾人的全民健身基本公共服务内容更加丰富，服务覆盖面不断扩大，服务供给不断增加，努力实现残疾人康复健身的条件不断改善、意识不断增强、人数不断增长。

### （三）重点任务“六个身边”

通过丰富残疾人身边的康复健身体育活动，支持残疾人身边的康复健身体育赛事，健全残疾人身边的康复健身体育组织，完善残疾人身边的康复健身体育设施，加强残疾人身边的康复健身体育指导，营造残疾人身边的康复健身体育文化氛围，即“六个身边”，帮助促进残疾人机能改善、增强身体素质、提高生活质量、全面融入社会。

### （四）具体任务

#### 1. 全面融入全民健身

将残疾人康复健身体育纳入全民健身计划和基本公共服务安排；完善全民健身场所里的残疾人专用设施配备和无障碍建设，充分利用现有体育资源，与全民健身点建设结合推进，为残疾人开展康复健身体育创造条件；在群众体育赛事和活动中适当增加适合残疾人参与的康复健身体育项目或设立残健融合组别，保障残疾人平等参与；积极支持指导社区及各类企事业单位和社会组织开展残疾人康复健身体育活动。

**2. 重点抓好示范带动**

整合各类资源创建残疾人康复健身示范点，积极发挥残疾人体育、教育、康复、托养等残疾人机构的骨干带动作用；举办不同层次和类别的残疾人康复健身体育赛事和活动，推广残疾人康复健身体育项目及方法；改革完善残疾人运动会竞赛模式和制度，在全国残疾人运动会暨特奥会中增加残疾人康复健身比赛项目数量，促进残疾人广泛参与。各级残疾人体育机构要把残疾人康复健身体育作为年度重要工作内容和任务，在组织活动、项目推广、品牌创建等方面发挥专业支撑和引领带动作用，研发推广适合各类别残疾人锻炼的小型康复体育和健身体育器材、创编普及项目和方法，为重度残疾人提供进家庭服务。各级残疾人专门协会要把残疾人康复健身体育工作作为重点内容，组织本类别残疾人经常性开展体育活动。

**3. 广泛开展各类活动**

要积极创造条件，对社区（村）及残疾人集中的康复、托养、教育机构开展残疾人康复健身体育活动，在组织建立、场地建设、设施开发、活动开展、比赛组织、服务指导、氛围营造等方面给予重点保障和大力支持。每年要组织开展“全国特奥日”“残疾人健身周”等活动，结合“全民健身日”“全国助残日”“国际残疾人日”等节日活动组织开展残疾人喜闻乐见的康复健身体育活动；以筹办2022年冬残奥会为契机，推动我国冰雪运动发展，每年举办“中国残疾人冰雪运动季”活动，宣传普及残疾人大众冰雪项目，打造残疾人大众冰雪运动品牌。

**4. 积极争取社会支持**

各级残联和体育部门要发挥社会组织作用，加大政府购买残疾人康复健身体育服务力度，建立评估检查制度，对社会力量参与残疾人康复健身体育设施建设、器材研发、服务运行状况进行监督检查。进一步扩大培养残疾人康复健身体育指导员队伍，发挥体育工作者、残疾人工作者、学校教师、残疾人运动员、残疾人亲友和助残志愿者的作用，建设残疾人身边的康复健身体育服务队伍。

**5. 大力营造健身氛围**

充分利用各类媒体，全方位、多角度、深层次扩大对残疾人康复健身体育工作的社会宣传，挖掘和宣传典型人物和生动故事，唱响残疾人勇敢面对生活挑战的主旋律，激励更多残疾人走出家门、康复健身、融入社会，动员更多社会组织和个人志愿助残，形成乐观阳光的康复健身氛围，激发全社会奋斗中国梦的正能量。

（马历涛供稿，赵素京审订）

# 五、权益维护

1. 提高残疾人事业法治化水平
2. 创新残疾人法律服务和权益维护
3. 提升无障碍设施建设管理水平
4. 加快发展信息无障碍
5. 营造全社会助残和残疾人自强的文明社会氛围

# 提高残疾人事业法治化水平，创新残疾人法律援助和权益维护

《国民经济和社会发展第十四个五年规划和二〇三五年远景目标纲要》提出，一体建设法治国家、法治政府、法治社会，全面加强人权司法保护，同时要求提升残疾人关爱服务水平，切实保障妇女、未成年人、残疾人等群体发展权利和机会。《法治中国建设规划（2020—2025 年）》提出，建设高效的法治实施体系，发挥工会、共青团、妇联等群团组织引领联系群众参与社会治理的作用，紧紧围绕人民日益增长的美好生活需要加强公共法律服务，积极引导人民群众依法维权和化解矛盾纠纷。《法治社会建设实施纲要（2020—2025 年）》要求，完善社会重要领域立法，完善残疾人正当权益保护等方面的法律法规，发挥人民团体和社会组织在法治社会建设中的作用，完善社会矛盾纠纷多元预防调处化解综合机制，努力将矛盾纠纷化解在基层。

“十四五”时期，在全面建成小康社会，开启全面建设社会主义现代化国家新征程的背景下，必须坚决贯彻落实习近平总书记关于残疾人事业的重要论述、重要指示批示和党中央、国务院决策部署，坚持依法发展残疾人事业，充分发挥残联组织作为人民团体的代表服务职能，进一步加强残疾人权益法治保障，帮助残疾人依法维护自身权益。

## 一、推动落实残疾人权益保障法律法规

### 1. 进一步完善残疾人权益保障法律法规体系

我国已逐步形成了以《中华人民共和国宪法》为核心，以《中华人民共和国残疾人保障法》为主干，以《残疾预防和残疾人康复条例》《残疾人教育条例》《残疾人就业条例》和《无障碍环境建设条例》等行政法规和大量地方法规为重要支撑的残疾人事业法律法规体系。全国人大通过的《中华人民共和国民法典》等90多部法律、国务院通过的50多部行政法规都规定了保障残疾人权益的内容。“十四五”时期，随着国家经济社会的发展、残疾人群体保障和发展需求的增长，各有关部门将进一步研究完善残疾人就业、无障碍环境建设、残疾人社会保障等方面的法律制度，进一步健全残疾人权益保障法律法规体系，对相关工作起到更有力的推动作用。

### 2. 进一步健全残疾人权益保障立法工作机制

习近平总书记在中央全面依法治国工作会议上指出，推进全面依法治国，根本目的是依法保障人民权益，要坚持以人民为中心，积极回应人民群众新要求新期待。中央全面依法治国委员会第二次会议指出，要深入推进科学立法、民主立法、依法立法，提高立法质量和效率。

“十四五”时期，涉及残疾人的立法项目，应围绕残疾人反映强烈的突出问题，科学分析立法需求和实际情况；完善立法工作机制，依据《中华人民共和国残疾人保障法》开展反残疾歧视

评估，对有关法规、规章、政策在制定和实施中进行评估，避免或纠正涉嫌残疾歧视、阻碍残疾人合法权益保障的相关内容，保障残疾人的平等权利；立法有关部门通过公开征求意见、听证会、基层立法联系点等方式主动征求、充分听取社会意见，残疾人和维护残疾人组织积极参与，提出保障残疾人权益的意见建议，共同推动从立法源头加强残疾人权益法治保障。

### 3. 推动残疾人权益保障法律法规实施

推进全面依法治国要求建立高效的法治实施体系。省级地方应依据残疾人权益保障法律法规有关规定，结合本地实际及时出台相关法规，促进国家法律法规的落地实施；设区的市依据《中华人民共和国立法法》第 72 条、第 82 条规定，可以出台进一步细化残疾人权益保障的地方性法规或地方政府规章；其他各级地方可以出台残疾人优惠扶助的规范性文件；形成完备的法律法规实施制度保障。各级人大执法检查或专题调研、各级政协视察或专题调研，是推动法律法规实施的重要监督方式。各级政府特别是残联组织应予以高度重视，积极协调配合，推动残疾人权益保障法律法规实施过程中要点、难点的解决。

## 二、提升残疾人法律服务质量

### 1. 创新开展残疾人群体法治宣传教育

中央宣传部、司法部《关于开展法治宣传教育的第八个五年规划（2021—2025 年）》明确要求：“根据妇女、残疾人、老年人、农民工等群体特点，开展有针对性的法治宣传教育活动，提高其依法维护权益的意识和能力”；要全面落实“‘谁执法谁普法’‘谁管理谁普法’‘谁服务谁普法’等普法责任制，促进各社会团体、企事业单位以及其他组织加强本系统本行业本单位人员学法用法，加大对管理服务对象普法力度”。中国残联将制定实施全国残联系统“八五”普法规划，各级残联应制定实施本地残联系统“八五”普法规划，积极拓展全媒体法治宣传教育平台，充分发挥专门协会、城乡社区残疾人专职委员的作用，继续组织开展残疾人尊法学法守法用法专项行动，针对不同类别残疾人的特点，通过无障碍的方式，向残疾人普及与其利益密切相关的法律知识。

### 2. 切实提升残疾人法律援助、法律救助等工作质量

中共中央办公厅、国务院办公厅《关于加快推进公共法律服务体系建设的意见》（中办发〔2019〕44 号）要求：“保障特殊群体的基本公共法律服务权益，将残疾人等特殊群体和军人军属、退役军人及其他优抚对象作为公共法律服务的重点对象”，“推进公共法律服务场所无障碍环境建设”。司法部、中国残联自 2018 年起联合开展“法援惠民生 · 关爱残疾人”法律援助品牌建设，着力加强对残疾人的法律援助供给力度。根据 2009 年最高人民法院、最高人民检察院、公安部、司法部、中国残联等 9 部门联合印发的《关于加强残疾人法律救助工作的意见》（残联发〔2009〕10 号），各地积极推进残疾人法律救助工作协调机制和残疾人法律救助工作站建设，基本完成“十三五”建设目标。各地要充分发挥残疾人法律救助协调机制作用，推动涉及残疾人权益的重大案件事件的解决；利用残疾人法律救助工作网络管理系统，大力提升残疾人法律救助工作的信息化、规范化水平；支持鼓励更多

的律师、法律工作者等开展志愿助残行动，为残疾人提供便利的法律救助服务。

### 3. 加强对残疾人的司法保护

2015 年，最高人民检察院和中国残联联合印发《关于在检察工作中切实维护残疾人合法权益的意见》（高检会〔2015〕11 号）；2018 年，最高人民法院和中国残联联合印发《关于在审判执行工作中切实维护残疾人合法权益的意见》（法发〔2018〕15 号）。各级人民法院、人民检察院办理涉及残疾人的案件时，应当贯彻国家关于残疾人权益保护的各项法律政策，注重关爱扶助残疾人，保障残疾人平等、充分、方便地参与诉讼活动；应加强同残联等人民团体、政府有关部门以及残疾人所在单位、社区、居民委员会、村民委员会等的沟通联系，共同做好残疾人合法权益维护工作。各级残联应当依法履责，积极为残疾人参加诉讼活动提供支持和帮助。

## 三、加强残疾人权益维护机制建设

### 1. 建立 12385 残疾人服务热线应急处置机制

中国残联现已开通来信、来访、来电、网上投诉、微信、手机 APP、短信、12385 残疾人服务热线等 8 种信访渠道，便利残疾人通过多种无障碍方式反映意见建议，解决残疾人诉求难、出行难等问题，有效降低了残疾人信访成本。2020 年疫情期间，12385 残疾人服务热线启动应急预案，延长服务时间，增设残疾人紧急求助转介处理流程机制，有效保护了残疾人生命安全和身体健康。

2020 年，根据国务院办公厅《关于进一步优化地方政务服务便民热线的指导意见》（国办发〔2020〕53 号）精神，除中国残联本级 12385 残疾人服务热线外，各级残联 12385 热线全部按照“话务量大、社会知晓度高的政务服务便民热线，保留号码，将话务座席并入 12345 热线统一管理”原则进行管理。“十四五”期间，中国残联本级 12385 热线将探索建立针对重大疫情、自然灾害、安全事故等突发公共事件的服务热线求助应急处置机制，及时有效维护残疾人合法权益。

### 2. 完善全国残疾人信访信息系统智能化应用

截至 2020 年底，全国 31 个省区市和新疆生产建设兵团残联已经开通残疾人信访信息系统并统一编制了市（县）残联账号，残疾人信访信息系统已迁至互联网运行。各级残联可在同一网络平台上办公，实现条块区块相联、一网通办的功能，进一步压实属地首接首办责任，确保残疾人网上信访可跟踪、可查询、可监督、可评价，打通信访事项办理“最后一公里”。“十四五”期间，将进一步加强全国残疾人信访信息系统的智能化应用，利用新媒体技术拓宽信访形式，利用大数据技术发掘信访数据，同残疾人动态更新数据进行比对，准确把握分析残疾人反映的倾向性、聚集性问题，为相关残疾人工作提供决策参考，加强信访问题源头治理，努力将矛盾纠纷化解在萌芽状态、化解在基层。

### 3. 支持各级人大、政协关注推动残疾人事业发展

《中共中央、国务院关于促进残疾人事业发展的意见》（中发〔2008〕7 号）要求：“充分发挥残疾人组织和残疾人代表在国家经济、政治、文化、社会生活中的民主参与、民主管理和民主监

督作用，拓宽残疾人组织民主参与渠道。”《中共中央关于加强和改进党的群团工作的意见》（中发〔2015〕4号）指出：“党委、人大要支持人民团体在县、乡人大代表换届中，依法按程序提名推荐代表候选人。县级以上人大代表、政协委员人选的提名推荐，应该加强与人民团体的沟通协商。”各地应支持更多残疾人、残疾人亲友和残疾人工作者进入各级人大、政协，代表广大残疾人参与国家政治生活、建言献策。各级残联切实做好优秀残疾人、残疾人亲友和残疾人工作者的遴选推荐工作。各部门认真做好残疾人、残疾人亲友和残疾人工作者人大代表、政协委员的参政议政服务工作，协助人大代表、政协委员提交关于残疾人问题的议案、建议、提案，认真办理人大、政协交办的关于残疾人问题的代表议案、建议和委员提案，共同推动残疾人事业发展，加强残疾人权益维护。

（马胜军、宋歌供稿，王治江审订）

# 加快发展信息无障碍，努力消除“数字鸿沟”

工信部《关于推进信息无障碍的指导意见》（工信部联管函〔2020〕146号）明确：“信息无障碍是指通过信息化手段弥补身体机能、所处环境等存在的差异，使任何人（无论是健全人还是残疾人，无论是年轻人还是老年人）都能平等、方便、安全地获取、交互、使用信息。”

## 一、“十三五”信息无障碍建设成效

“十三五”期间，信息技术的发展让越来越多的人享受到了数字红利，我国信息无障碍建设多项政策措施落地实施，老年人、残疾人等特殊群体在信息获取、信息使用上面临的障碍也得到更多关注。

一是网络基础条件不断完善。随着“宽带中国”战略与电信普遍服务试点工作的深入推进，光纤宽带网络和移动4G网络在农村地区深度覆盖。目前，我国行政村通光纤和通4G比例均超过98%。

二是信息消费资费优惠。基础电信运营企业对持证视力、听力、言语残疾人使用固定电话、移动电话、宽带网络服务等费用予以适当优惠，目前20多个省份已经推出相关专属优惠资费，互联网企业也为他们从事网络创业、电商交易等提供一定程度的支持。

三是互联网应用无障碍优化。启动“美丽中国——中国政务信息无障碍公益行动”，提高各级政府的信息无障碍意识，政务信息更全面、更便捷地为人民服务。目前已完成800多个政府单位信息无障碍服务平台的建设，实现无障碍功能的网站数量达到3万多个。移动互联网应用（APP）的无障碍改造也在逐步推进中，部分社交通讯类、网络购物类、生活娱乐类、新闻资讯类、金融服务类等APP都开展了无障碍改造工作，给残障人士带来了极大的便利。

四是一系列信息无障碍标准、规范制定出台。目前，我国发布的此类国家标准和行业标准已有20多项，内容涵盖终端设备、网站设计、服务系统等方面。

## 二、信息无障碍建设面临的问题

《关于推进信息无障碍的指导意见》指出：“我国信息无障碍建设……仍存在顶层设计欠缺、市场有效供给不足、产品服务质量不高、社会普遍认知不强等问题。”具体地说，我国信息无障碍建设还存在四个方面的问题：

在终端产品方面，无障碍终端普及率不高。目前被广泛使用的通信产品，对视障者、听障者、老年人等都存在一定程度的障碍，而适合他们使用的性价比高、易于操作的通信终端产品较少，市场有效供给不足。

在互联网信息服务方面，网站无障碍建设普及率较低，新闻媒体、金融服务机构、电子商务企业等公共服务网站的无障碍进程较慢。移动互联网应用的无障碍化体验较差，无障碍改造的产品种类较少，相比互联网应用市场百万级的应用存量，现有可用的无障碍应用十分稀缺。

在电信服务方面，无障碍水平有待提升。老年人、残疾人等通过互联网办理电信业务困难，网上营业厅无障碍化程度不足，难以满足障碍群体在家办理电信服务的需求。线下办理电信业务渠道的无障碍设施有待优化，无障碍信息交流服务手段缺乏。

另外，我国信息无障碍产业尚未形成规模，市场有效供给不足。我国信息障碍群体人口基数大，随着人口老龄化趋势的发展，信息无障碍需求将会激增，产业规模潜力巨大。但是，我国信息无障碍产业存在产品供给与需求脱节、产品服务质量不高、自主创新能力欠缺等问题，市场潜力有待激发。

## 三、“十四五”信息无障碍建设的基本原则和重点任务

### 1. “十四五”信息无障碍建设的四条基本原则

一是以人为本，需求导向，把增进人民群众福祉作为出发点和落脚点，从老年人、残疾人等重点受益群体的迫切需求入手，注重可操作性和实效性。二是发挥政府引导示范作用，提高信息无障碍公共服务水平，多方共同推动信息无障碍的持续发展。三是创新驱动，融合运用新技术，促进产品丰富多样和服务方便可及。四是统筹多方资源，形成工作合力，优先突破通信服务、互联网网站、移动互联网应用等重点领域的障碍问题，逐步向其他领域拓展延伸。

### 2. “十四五”信息无障碍建设的六个重点任务

第一，在数字社会、数字政府、智慧城市建设中高度重视信息无障碍建设。从规划之初就充分考虑残疾人、老年人等群体的需求，避免智能技术的过度使用给部分群体带来更多的障碍。依托“新基建”推动信息基础设施与无障碍环境融合发展，推进5G、人工智能、大数据、物联网新一代信息技术在无障碍环境领

域的应用，推动传统无障碍环境设施设备进行数字化转型，融合应用物联网、大数据、人工智能等技术，推动公共交通系统、出行道路和交通工具实现无障碍化和智能化升级。

第二，推广便利普惠的电信服务，推动电信服务无障碍。简化电信业务办理流程，推广线上办理、电话办理、上门办理等定制化服务。提升电信运营商网上营业厅、移动端服务渠道的无障碍化水平，鼓励电信运营商提供电子版大字账单、语音盲文账单等服务，推进电信经营场所无障碍设施建设与改造。鼓励推出电信资费优惠举措，支持电信运营商结合持证残疾人、60 周岁以上农村老年人等特殊群体需求，提供更大折扣的资费优惠，合理降低使用固定电话、移动电话、宽带网络等服务的费用。

第三，加快推进互联网网站和应用（APP）的无障碍建设。加快提升各级政府门户网站、政务服务平台及网上办事大厅的信息无障碍服务能力。引导新闻媒体、金融服务、电子商务等网站建设符合信息无障碍通用标准要求，鼓励从事公共服务的其他网站支持信息无障碍功能。推动移动互联网应用无障碍优化与研发。丰富满足重点受益群体需求的移动互联网应用（APP）种类和功能。推进新闻资讯、社交通讯、生活购物、金融服务、旅游出行、工作教育、市政服务、医疗健康等领域移动互联网应用的无障碍改造。引导企业利用最新标准和技术对移动互联网应用进行无障碍优化，将无障碍优化纳入产品日常维护流程。

第四，促进信息无障碍国家标准推广应用。建设完善包括总体性标准、通用性标准、应用标准及产品标准在内的标准体系，开展信息服务系统、应用软件、终端产品等信息服务载体无障碍要求的研究与制定，建立完善针对疫情、自然灾害等突发公共事件的信息无障碍应急服务规范。强化信息无障碍规范与标准落地实施。开展信息无障碍重点规范与标准宣贯工作。

第五，建立健全信息无障碍评价体系，开展互联网和移动互联网无障碍化评测。按照《关于进一步抓好互联网应用适老化及无障碍改造专项行动实施工作的通知》的要求，由中国互联网协会、中国信息通信研究院等分别对互联网网站、APP 进行评测，并发布评测结果。通过评测的互联网网站、APP，由中国互联网协会、中国信息通信研究院分别授予信息无障碍标识。工信部与各地通信管理局按照“谁发证、谁备案、谁记分”的原则，依企业申请，根据评测结果及标识授予情况，对于无障碍化表现突出的企业，在“企业信用评价”中予以信用加分。

第六，扩大信息无障碍终端产品供给。鼓励信息无障碍终端设备研发与无障碍化改造。培育一批科技水平高、产品性价比优的信息无障碍终端设备制造商，推动现有终端设备无障碍改造与优化，支持开发残健融合型无障碍智能终端产品。提升信息辅助器具智能化水平。针对残疾人、老年人功能康复和健康管理需求，加大沟通和信息辅助器具研发力度，提升产品的通用性、安全性和便利性。重点加快智能轮椅、智能导盲设备、文字语音转换、康复机器人等智能终端的设计开发，积极研发虚拟现实、头控、眼控、声控、盲用、带字幕等智能硬件配套产品。

（王莉供稿，张东旺审订）

# 六、支持保障条件

1. 强化党委领导、政府负责的领导体制

2. 健全多元化投入格局

3. 加强基础设施和信息化建设

4. 加快科技创新和人才培养

5. 促进残疾人事业城乡、区域协同发展

6. 增强基层为残疾人服务的能力

7. 发挥残疾人组织桥梁纽带作用

8. 积极营造残疾人事业发展的良好国际环境

# 深化残联组织改革建设

残联组织建设是残疾人事业发展和残疾人服务的基础和保障。

党的十八大以来，随着经济社会发展，政府惠残扶残政策越来越多，需要落实到基层的服务和政策也越来越多。实现这些服务的落地，重点在基层的推动，基层残联承担的工作任务越来越重，这对于基层残联组织建设和服务能力提出了更高的要求。2018 年国务院办公厅印发《中国残疾人联合会改革方案》以来，全国省、市、县级残联相继出台改革方案，上下联动，改革取得了明显成效。

但是，残联组织特别是基层残联组织建设与新时期残疾人事业发展和残疾人日益增长的服务需求相比仍有一定距离。基层组织建设仍较薄弱，发展还不平衡，距离全覆盖的目标还有一定差距。基层残联密切联系残疾人和了解残疾人需求还不够充分，服务残疾人的能力仍有待提高。

“十四五”期间，各地各级残联要坚持以习近平新时代中国特色社会主义思想为指导，深入贯彻落实中央党的群团改革精神，贯彻落实习近平总书记关于残疾人事业的重要指示批示精神，落实中央巡视整改要求，持续深化残联改革，努力推动新时期残疾人事业高质量发展。

## 一、以加强党的政治建设为统领，坚持“强三性、去四化”

认真贯彻落实中央党的群团改革精神，始终把党的政治建设摆在首位，以加强党的政治建设为统领，紧紧围绕保持和增强残联组织的政治性、先进性、群众性，防止机关化、行政化、贵族化、娱乐化这条主线，以改革的精神推进残联组织建设，推动残疾人事业治理体系和治理能力现代化，为残疾人保障和发展提供坚强的政治保障和组织保障。结合当地实际，组织广大残疾人工作者认真学习习近平新时代中国特色社会主义思想和习近平总书记关于残疾人事业重要指示批示精神，扎实开展“学听跟”专项活动，不断提高政治辨别力、政治领悟力和政治执行力。通过全面推进改革举措落地，切实加强党的政治建设，更好地履行“代表、服务、管理”职能，发挥好服务联系残疾人的桥梁纽带作用，加大政治动员、政治引领、政治教育工作力度，进一步团结和带领广大残疾人兄弟姐妹听党话、跟党走。

## 二、坚持重心下移和资源下沉，着力提升基层残联组织建设水平和服务能力

广大残疾人生活在城乡基层，残联工作的根基在基层，服务残疾人的落脚点也在基层。要充分发挥残联组织在基层城乡治理新格局中的重要作用，聚焦强基层，坚持工作重心下移，服务资源下沉，进一步夯实基层残联组织基础，发挥残疾人组织的桥梁纽带作用。

要重视把残疾人工作和基层残联改革纳入当地党委政府工作大局。进一步健全和完善县乡村三级残联（残协）组织，不断夯实组织基础。残疾人组织必须要建到最基层，工作必须要延伸到

“最后一公里”。加强基层残疾人组织建设是残疾人事业发展的有力保障，特别是加强和改进村（社区）残协工作，是深化基层残联改革的关键环节和重要着力点，对于残联组织强基固本、提高服务水平、更好落实惠残举措具有十分重要的意义。各地要因地制宜，积极探索，以点带面，全面推进落实基层残联组织改革各项要求，扩大残联组织覆盖面，进一步加强基层残联组织建设。

加强残联组织的代表性，进一步提高县级残联代表大会和主席团委员中残疾人及其亲友、基层一线人员的比例。积极开展灵活设置基层残联组织新模式试点工作，推动在残疾人比较集中的企业设置残疾人小组，依托残联、服务机构、企业、学校、社区孵化具有影响力的助残社会组织。

加强基层残疾人服务能力，提升服务水平。坚持重心下移、资源下沉，充分利用整合政府和社会各方优势服务资源更好为残疾人提供服务。积极开展精准化、精细化的残疾人服务，结合当地实际，通过推进精准识别，突出个性化需求精准制案，整合资源对接服务等，加强基层组织服务创新，推进残疾人事业高质量发展。

## 三、通过多种方式，增强残疾人工作队伍力量

加强残联干部队伍建设，实施干部“专兼挂”，进一步充实干部队伍力量，完善干部管理制度和工作制度。加强干部协管工作，做好领导班子配备。加强残疾人干部选配，加大对残联干部培养、交流与使用力度，继续完善残疾人干部信息库，发挥其作用。扩充基层残疾人工作者队伍的来源面，县级残联配备挂职、兼职干部，加强基层残联（残协）专职委员选配，完善用人机制，提高待遇，建立专职委员绩效考核制度，加强用人管理。加

大残疾人工作者队伍的教育与培训。省市县三级残联通过多种形式开展基层队伍的教育培训，着力提升在职干部和专职委员的履职能力和服务水平。

## 四、持续转变工作作风，加强与残疾人的血肉联系

扎实开展“走转改”，建立残联干部下基层蹲点、到居住地社区残协报到、残疾人需求调查等制度，转变工作作风，恪守“人道、廉洁”职业道德，全面优化一线服务。以开展残联业务工作带动更多残疾人贴心服务，切实扩大联系覆盖面。着力提高基层残疾人工作活力和服务能力，针对残疾人特殊困难，积极推行上门办、网上办、就近办、一次办等服务方式，推动落实残疾人证“跨省通办”要求，通过改进工作方式，努力为残疾人群众带去最大方便。

（李藜供稿，常征审订）

# 深入推进志愿助残服务

志愿助残是志愿服务的重要组成部分，能帮助残疾人有效解决诸多实际困难和问题，是中华民族助人为乐、扶弱济困传统美德、社会主义核心价值观和人道主义精神的重要体现，对于改善残疾人状况、增进对残疾人的理解、推动残疾人更好地参与社会生活，具有重要的作用。

“十三五”期间，我国志愿助残工作得到较快发展。志愿助残融入国家志愿服务工作大局，志愿助残理念更加深入人心，覆盖城乡的志愿助残工作组织网络基本形成；志愿者队伍不断壮大，助残活动丰富多彩、富有成效，服务品牌特色突出，服务理念得到提升，着重点由赛事、节日等大型活动，转向日常、身边、小事上，服务呈现常态化，更加注重服务技能及专业化培训，涌现出大量事迹突出、情操感人的助残先进典型。志愿助残社会影响力日益提升，成为激发社会活力、创新社会治理、促进社会文明进步的一支重要力量，助残志愿者成为参与和推动残疾人事业发展的一支生力军，成为社会主义核心价值观、人道主义思想和现代文明社会残疾人观的传播者和实践者。

另一方面，我国志愿助残服务参与率还不高，群众对志愿精神、公益理念的理解还不充分，需要加大力量宣传普及，并在实践中加以引导提升。相关法规政策尚需进一步完善，深入持久推进志愿助残工作的长效机制尚未有效建立。对助残志愿者的招募选拔和培训管理还缺乏科学有效的机制，残疾人需求与志愿服务资源还不能实现最有效对接。缺乏基本的经费支持和保障。现有服务能力与残疾人需求相比还有很大差距。残疾人在生活中面临许多困难和问题，而现有志愿服务无论是数量还是质量都不能很好地满足他们的需求。

《国民经济和社会发展第十四个五年规划和二〇三五年远景目标纲要》明确要求："支持和发展社会工作服务机构和志愿服务组织，壮大志愿者队伍，搭建更多志愿服务平台，健全志愿服务体系。"《"十四五"残疾人保障和发展规划》提出："深入开展'手拉手红领巾助残''青年志愿者助残''关心我的残疾人邻居''牵着蜗牛去散步'和'集善优品'消费助残等志愿服务关爱行动。"

"十四五"期间，贯彻落实《"十四五"残疾人保障和发展规划》，进一步弘扬社会主义核心价值观和人道主义思想，大力普及志愿助残理念，完善社会志愿助残服务体系，发展壮大志愿者队伍，推动志愿助残服务扎实深入开展，需要重点做好以下工作：

### 1. 进一步纳入国家志愿服务工作大局

要紧紧抓住当前大力培育和践行社会主义核心价值观、加强社会主义精神文明建设、推动志愿服务工作、创新社会治理的重大机遇，将志愿助残服务进一步纳入国家志愿服务工作总体规划，统筹实施，全面推进。有关部门要认真研究部署志愿助残工作，制定具体实施方案，把为残疾人提供服务作为全面推广志愿服务的有效途径和重要领域，作为促进残健共融的手段。要特别注重在社会关注、残疾人急需、志愿者能为的领域设计项目、整合资源，纳入部门工作大局，融入城乡社区治理，积极开展志愿助残服务。

### 2. 完善制度建设，着力构建志愿助残长效机制

制度建设具有根本性、全局性、稳定性和长期性。要继续推进志愿助残服务的制度建设，制定和完善相关政策措施，促进志愿助残服务的制度化、常态化、长效化。加强志愿助残工作的信息化建设，完善服务对接机制，实现需求与服务的顺畅对接。建立健全志愿助残服务组织培育机制，加强各级助残志愿者协会建设。充分发挥中国助残志愿者协会职能作用，有效整合各方面社会资源，推动志愿助残服务向更多行业和领域拓展。建立健全助残志愿者教育培训制度，发展壮大助残志愿者队伍。推动各地建立健全志愿助残服务的反馈、监督和评价模式，逐步形成科学有效的评价激励机制。充分发挥社区在志愿助残服务中的作用，依托社区综合服务设施、专业服务机构、社区社会组织和社区残协，搭建志愿助残服务平台。推动企业、学校、医院、社区等广泛建立志愿助残服务组织。广泛宣传志愿助残先进典型和感人事迹，普及志愿助残理念，努力营造更加良好的社会氛围。

### 3. 积极打造和推广志愿助残服务品牌

进一步增强社会动员能力，开展多种形式的志愿助残服务。依托“志愿助残阳光行动”“手拉手红领巾助残”等已有品牌项目，不断创新活动模式，提升品牌效应。深入推进中国青年志愿者助残“阳光行动”，通过“结对加接力”等形式，组织青年志愿者为广大残疾人特别是残疾青少年提供精准化的日常照料、支教助学、文体活动、爱心捐赠、就业支持等志愿服务。深入开展文化助盲志愿服务，依托公共图书馆、盲校、社会公益组织、企业等建立文化助盲志愿服务队，组织志愿者为视障读者提供阅览、

讲电影、读者接送、有声读物制作、大字本读物制作、盲人读物搜集整理及翻译、名家讲座、读书会、文化沙龙、兴趣小组等文化服务和盲文、电脑、音乐、按摩等教育培训。广泛开展“牵着蜗牛去散步”大型公益活动，积极倡导志愿者和家长“牵着蜗牛”走出家庭，走向社会，参与社会生活。继续开展“关心我的残疾人邻居”活动，经常性组织社区居民、邻里从身边做起，从小事做起，主动搭把手、送关爱，为残疾人提供日常化的帮助和服务。鼓励各地因地制宜整合各方面的服务资源，创新工作方式，开展关爱残疾人志愿服务，打造优秀服务品牌。组织动员各行各业专业技术人员开展志愿助残，鼓励具有一定专业技能的志愿者运用专业理念、知识和方法从事诊疗、康复、心理疏导、教育培训、法律援助等相关专业的志愿服务。支持志愿助残服务组织与残疾人、残疾人家庭和残疾人服务机构开展长期结对服务，推动助残志愿服务的项目化运作和制度化管理，提升专业化水平。残联系统的“阳光家园”“残疾人之家”、康复机构、托养机构、就业服务机构、就业帮扶基地等要为志愿者开展助残服务提供便利和支持。

（朱春林供稿，常征审订）

# 加强和改进专门协会工作

残疾人专门协会（以下简称“协会”）是依据中国残联章程和各专门协会章程规定、按照残疾类别设立、在残联领导下的残疾人社会组织，是残联的主体协会，是加快推进我国残疾人小康进程和促进残疾人“平等·参与·共享”目标实现的重要力量。

“十三五”期间，各专门协会组建联合党支部，加强党建工作，引领协会发展方向；发挥协会主体作用，为残疾人提供扎实服务；积极建言献策，开展专项调研，制定标准规范行业行为；打造示范性知名服务品牌30余个；切实指导和示范地方残联开展专门协会工作。第二届评监委加强了对各协会的项目评估和财务监审。

同时，中国残联各专门协会科学规范、高效务实的法人治理模式尚需继续探索，地方各级专门协会总体偏弱，作用发挥有限，发展的不充分不平衡比较明显。地方各级协会组建率虽高，但少数协会有名无实的现象依然存在；部分协会工作机制不健全，队伍力量薄弱；不少地方协会尤其是县级协会依然处于“三无”状态（无专职人员、无活动场所、没有或者几乎没有工作经费），社会影响力不大。各级协会自上而下活跃程度呈明显递减态势，城乡发展依然不平衡。问题根源主要有：部分基层残联对协会重要性的认识亟须进一步提高，各级专门协会自身建设（如组织建设、制度建设、规范建设等）依然比较薄弱；经费、场地、人员等保障条件还不到位，协会专职人员少，社会动员能力不强，协会工作不够活跃。

“十四五”期间，各专门协会必须以习近平新时代中国特色社会主义思想为指引，按照“十四五”残疾人保障和发展规划的整体部署，积极落实中国残联《关于加强和改进专门协会工作的意见》、中国残联党组《关于进一步加强专门协会工作的若干举措》（残联党组〔2021〕43 号）等文件精神，进一步提升各级残联对协会的认识，切实理顺各级残联与协会的关系，加大对各级协会的重视程度和支持力度，推动协会更好地履行“代表、服务、维权、监督”职能，真正体现协会在残联组织中的主体地位，发挥其主体作用。

## 一、加强协会党的领导，确保正确发展方向

进一步贯彻落实习近平新时代中国特色社会主义思想和习近平总书记关于残疾人事业的重要论述、重要指示批示精神，以及党中央的相关重要部署，切实加强党对协会的政治引领和全面领导。充分利用召开协会全委会、主席办公会、季度工作会、专题工作研讨会、举办活动等契机，着力加大学习和宣传力度，不断提高协会政治站位。持续推动协会不断巩固“不忘初心、牢记使命”主题教育、党史学习教育等活动成果，引导协会不断提高政治判断力、政治领悟力、政治执行力。持续推动协会开展“邀访·倾听”“走转改”等活动，支持协会建立基层工作联系点，密切各协会与本类别残疾人之间的血肉联系，切实发挥桥梁纽带作用。

认真落实全面从严治党要求，不断加强各级协会党的建设，充分发挥协会党组织在协会中的战斗堡垒和政治核心作用。积极探索协会党建工作途径，推动协会充分借助官网党建专栏、微博、

微信等媒介，广泛宣传党的路线方针政策，实现协会党的组织和党的工作全覆盖。严格落实“三会一课”、民主评议党员等制度，提高协会党组织生活质量。按照“一方隶属，多方参与组织生活”的原则，组织协会党员开展形式多样、内容丰富的党建活动，切实提高协会党建工作水平。

## 二、巩固协会组织建设，改善协会工作条件

按照中国残联章程规定，持续推动县级及以上残联建立5个专门协会，实现应建尽建。根据工作需要，指导协会依法依章程设置专业委员会并充分发挥作用，以扩大联系和服务覆盖面，满足残疾人个性化类别化需求。进一步选优配强协会负责人，不断加强协会领导团队建设和整体作用发挥；通过社会招聘、公益性岗位、购买服务岗位等形式配备专（兼）职工作人员，并不断建立健全合理的人才引进、薪酬激励和培育培养机制，有效加强协会秘书处工作力量。通过将协会负责人和工作人员教育培训工作纳入残联系统干部教育培训规划、积极组织开展“专门协会在线”教育培训，切实提升各级协会综合素质和服务能力。

进一步改善协会基本保障条件。继续加大对协会的经费支持，确保省级、市级、县级残联每个协会年均经费原则上不低于20万元、10万元、3万元，并建立逐年增长机制；未进行社团登记的，由各级残联纳入年度部门预算；已进行社团登记的，可通过购买服务、定向委托、项目合作等方式予以经费支持；给予协会负责人必要的工作保障条件和必要的补贴。通过多种途径支持协会解决办公场所、办公设备和残疾人活动场所，省级残联每个协会至少有一处办公和活动场所，市级、县级残联协会要有办公和活动场所，并根据实际提供必要的无障碍保障。

## 三、强化协会制度建设，活跃规范协会工作

进一步加强协会制度建设。围绕残联工作大局，推动各级协会建立完善全委会会议和季度会会议制度和财务管理制度、专项调研制度、协会向主席团报告工作制度、“三重一大”事项报告制度；逐步建立协会主要负责人列席党组会议、执行理事会会议、主要业务工作会议制度；推动建立健全党组同志出席协会活动或会议、执行理事会与协会联席会议、残联重要信息向协会通报制度。

不断完善协会参事议事机制，促进各级残联决策与执行更充分地体现各类别残疾人共同意愿。推动各级残联在制定出台涉残法律法规、政策措施、标准规范，以及组织实施或考核评估相关重大活动（项目）时，主动听取协会的意见和建议；推荐综合素质好、群众威信高、建言资政能力强的协会负责人担任各级人大代表、政协委员，发挥协会的独特优势和参事议事作用，反映各类别残疾人的愿望和诉求。

加强社会公信力建设。支持协会积极参加民政部门的社会组织年检、等级评估，以及审计部门的专项审计、纪检部门的巡视检查等工作；指导协会建立信息公开制度；发挥专门协会评监委的项目评估和财务监督作用，切实打造诚信自律、充满活力的协会组织。

## 四、发挥协会主体优势，提供贴心专业服务

支持协会充分发挥天然优势，在本类别残疾人中广泛组织开展习近平新时代中国特色社会主义思想和习近平总书记关于残疾人事业的重要论述学习活动，宣传党的路线方针政策和惠残举措；大力践行社会主义核心价值观，弘扬人道主义思想，树立正确的人生观价值观，团结引领本类别残疾人听党话、跟党走。

支持协会紧密结合本类别残疾人的实际困难，并充分利用当地残疾人基本信息和需求状况大数据，深入开展调查研究，向党委、政府和残联积极反映，为其决策提供参考借鉴，或者在各级人大、政协平台积极发声，建言资政；支持协会紧紧围绕本类别残疾人的迫切需求，持续打造形式多样、内容丰富的示范性服务品牌项目，并积极示范引领辖区内其他专门协会和助残社会组织，为本类别残疾人提供更多务实高效的贴心服务；积极开展适合本类别残疾人服务标准（规范、指南等）的研究制定，推动残疾人服务标准化；发挥社会动员优势，加强与有关社会组织、企事业单位联系沟通，动员社会各界帮助解决残疾人困难和需求。

支持协会坚定维护本类别残疾人合法权益，针对社会上歧视残疾人现象、侵害残疾人合法权益事件及时发声，表明严正态度；履行好监督职责，在涉及残疾人利益的法律法规、政策措施的制定和落实过程中出现的问题，积极呼吁，促进有关部门及时改正；通过履行主席团委员职责，充分发挥残联主席团监督职能，加强对残联理事会工作的监督。

推动各级残联进一步提高认识，加大对协会的重视和支持力度，将协会工作纳入残联工作大局予以统筹谋划和推进，只能加强，不能削弱。试点开展各级协会标准化、规范化建设。

## 五、发挥法人治理优势，探索法人治理模式

截至2020年底，除了中国残联五大协会全部完成社团法人登记以外，省级协会开展社团登记的有54个，占比34.18%；地市级188个，占比11.45%；县级822个，占比6.24%。

稳妥推进社团登记工作。继续按照“成熟一个，登记一个”的原则，稳妥推进协会社团登记，指导其依法依章程开展工作，

充分发挥法人治理优势，进一步活跃协会工作。

建立规范运作机制。指导已经社团登记的协会建立健全内部治理结构，加强内部风险防控和审计；在有条件的地方，可以成立专门协会项目评估和财务监审委员会，履行工作评估和监督职责；协助做好社团登记管理部门的年度检查和等级评估，将结果作为承接残联购买服务等的重要依据；指导建立信息公开制度，提升协会社会公信力。

加大培育扶持力度。按照中国残联、民政部《关于促进助残社会组织发展的指导意见》（残联发〔2014〕66 号）要求，通过购买服务、定向委托、人才引进、人员培训、场地支持等形式，孵化、支持社团协会开展服务和活动，建立健全培育和扶持机制；探索建立将直接面对特定类别残疾人的相关服务项目或专项工作委托协会办理的机制。

指导承接政府购买服务工作。按照财政部、中国残联等 6 部门《关于做好政府购买残疾人服务试点工作的意见》（财社〔2014〕13 号）及财政部、民政部《关于通过政府购买服务支持社会组织培育发展的指导意见》（财综〔2016〕54 号）的要求，将协会纳入同级残联购买服务工作中统筹考虑，同时支持和指导其积极承接政府部门向社会力量购买的助残服务项目。

（庞卫超、彭冰泉供稿，常征审订）

# 营造残疾人事业发展的良好外部环境

随着联合国《残疾人权利公约》和2030年可持续发展议程的实施，保障残疾人平等权益、促进残疾人融合发展越来越成为国际社会和各国的普遍共识和共同行动。“十三五”以来，在习近平新时代中国特色社会主义思想和习近平外交思想指引下，中国残联坚持服务国家外交大局和全国残疾人事业发展，我国在国际残疾人事务中的影响力显著提升。

“十四五”期间，中国残联将继续利用联合国平台深入参与国际残疾人事务，务实推进“一带一路”框架下残疾人领域合作，支持康复国际等国际残疾人组织和社会组织发挥作用，积极营造残疾人事业发展的良好外部环境。同时继续深化港澳台交流合作，探索大湾区残疾人服务一体化合作。充分发挥我国残疾人事业作为国家对外宣传亮丽名片和民间外交的独特作用，为推动“十四五”残疾人事业高质量发展和建设社会主义现代化国家做出积极贡献。

## 一、充分利用联合国平台深入参与国际残疾人事务

### 1. 切实履行联合国《残疾人权利公约》

2006年12月13日联合国大会通过的《残疾人权利公约》是联合国历史上通过的第一个具有法律约束力的保护残疾人权利的

公约，也是国际社会在21世纪通过的第一个综合性人权公约。我国政府于2007年签署公约，2008年正式批准加入公约，是首批签署国和忠实履约国。我国政府始终捍卫公约基本原则和精神，积极履行公约义务，在法律制定和实施过程中注重保障残疾人平等权益，促进残疾人融入社会。于2010年向联合国提交首次履约报告，2012年9月接受联合国残疾人权利委员会审议；于2018年向联合国提交第二次、第三次合并履约报告，通报我国近年来在落实公约方面所采取的措施和取得的进展，并将再次接受审议。积极参加历届公约缔约国大会，有效宣介我国履约成果和在残疾人工作中的良好实践，提升我国在残疾人领域国际话语权和影响力。

**2. 积极推动并加快落实2030年可持续发展议程中有关残疾人发展目标**

我国积极推动将残疾人事务纳入联合国2030年可持续发展议程，弥补了千年发展目标中缺少残疾人相关内容的缺憾。加快落实2030年可持续发展议程中有关残疾人发展目标，致力于不断完善残疾人权利立法，依法保障和推动残疾人的政治、经济、社会、文化等权利，促进残疾人在康复、教育、就业、无障碍、社会参与等领域融合发展，促进残疾人参与发展进程，努力实现残疾人“平等、参与、共享”目标，为残疾人平等融入社会创造条件。

**3. 深化与联合国相关机构合作，利用联合国平台宣介我国理念和经验**

参与联合国及其相关机构工作是我开展残疾人领域国际合作的重要抓手。中国残联与联合国及其机构保持密切沟通与互动，先后接待联合国大会第73届主席埃斯皮诺萨、第74届主席班迪、联合国儿基会执行主任等联合国领导人到访。2020年，在联合国成立75周年和北京第四次世界妇女大会召开25周年之际，中国残联与联合国亚太经社会、联合国妇女署和康复国际共同发布《行动呼吁：赋能残疾妇女和女童，共创我们想要的未来》，并推出我国第一张“爱与关怀”残疾妇女主题的邮票。疫情期间，中国残联与联合国亚太经社会、联合国妇女署、联合国人口基金、联合国儿基会等相关机构深化务实合作，就残疾人抗疫能力建设、残疾妇女权益保护、残疾人信息统计等开展多个合作项目。充分利用联合国舞台扩大对外交往，提升我国残疾人事业在国际社会影响力。

“十四五”期间，我国将继续深化同联合国相关机构交流与合作。借助重要时间节点与联合国机构共同举办会议或活动，在疫情期间和后疫情时代就残疾人权益保障与联合国机构开展更多合作，在残疾人康复、教育、就业、残疾妇女与儿童等重点领域共同进行调查研究、政策倡导、项目合作等，学习并推动残疾人工作先进经验做法，促进残疾人融合发展。

此外，将继续在联合国人权理事会、联合国社会发展委员会、联合国亚太经社会、《残疾人权利公约》缔约国大会等平台和相关国际会议上充分展示我国残疾人权益保障的经验成就，讲述好我国残疾人事业发展进步的故事，为国际社会贡献推动残疾人事业发展的中国智慧。

## 二、稳步推进“一带一路”框架下残疾人领域交流合作

2013年9月和10月习近平主席分别提出建设“丝绸之路经济带”和“21世纪海上丝绸之路”的合作倡议，得到国际社会广泛认同。习近平主席在2017年和2019年举行的两届国际合作高峰论坛开幕式主旨演讲中均提出“密切妇女、青年、残疾人等群体交流”的重要倡议。

为贯彻落实习近平主席重要倡议，中国残联积极推进“一带一路”框架下残疾人事务合作。2017 年，中国残联主席张海迪在“一带一路”高峰论坛民心相通平行主题会议发表演讲，就推动“一带一路”相关国家和地区残疾人事务交流合作发出倡议。于 2017 年、2019 年分别在北京举办两次“一带一路”框架下残疾人事务主题活动。主题活动由中国残联、世界卫生组织、国际电信联盟、康复国际共同举办。持续拓展与“一带一路”相关国家和地区在康复、教育、无障碍、特殊艺术、体育、社会服务等领域务实合作，截至目前已与相关国家和国际组织签署 15 项合作协议，取得丰硕成果。

“十四五”期间，中国残联将继续贯彻落实习近平主席重要倡议，充分把握“一带一路”建设的历史性机遇，推动“一带一路”框架下残疾人事务合作走深走实。重点聚焦孤独症康复、脑瘫儿童康复、无障碍环境建设、残疾人艺术技能培训、冬残奥和特奥体育合作、社会服务、残疾人组织能力建设、残疾人参与互联网经济、智库和“助听、助行、助明”等项目合作。积极动员地方残联和社会组织力量，巩固中国－巴基斯坦辅具合作等已有合作成果，同“一带一路”相关国家拓展残疾人康复、辅助器具、孤独症、妇女儿童、体育等合作网络，资源共享、互学互鉴，扩大对外交往“朋友圈”。继续积极参与“一带一路”国际合作高峰论坛；继续配合国家外交大局和“一带一路”国际合作高峰论坛，聚焦主业、整合资源，机制性举办“一带一路”框架下残疾人事务主题活动，倡议国际社会共同推动残疾人事业发展，保障残疾人权益，促进融合发展。

此外，统筹地方资源，继续以大国、欧盟和周边国家为重点，巩固双多边合作关系。

## 三、积极支持康复国际等国际残疾人组织及中国狮子联会等社会组织发挥作用

“十四五”期间，将继续积极支持康复国际等国际残疾人组织和中国狮子联会等社会组织，利用各自专业领域优势，发挥在优化社会公益、丰富对外宣传、为残疾人提供优质服务等方面的积极作用。

### 1. 积极支持康复国际等国际残疾人组织发挥作用

2014 年，张海迪主席成功当选拥有近百年历史的国际残疾人组织康复国际主席，于 2016 年正式就任，并于 2018 年高票连任。领导康复国际改革内部管理体系，在我国政府支持下设立全球残疾人事务发展基金和非洲基金，在埃塞俄比亚、南非、莫桑比克等多个非洲国家以及俄罗斯、巴西、黎巴嫩等国家开展一批惠及广大残疾人的务实合作项目。2019 年成功设立并首次颁发杰出贡献奖，康复国际国际影响力不断攀升。

2022 年，康复国际将迎来“百年庆典”。我将继续推动康复国际创新治理体系，推动落实务实改革措施，开展残疾人康复、教育、就业、无障碍、文体等领域的合作项目，支持欠发达国家地区发展残疾人事业，使这一国际组织在第二个百年征程中焕发新的生机和活力，为推动国际残疾人事务发展、增进广大残疾人福祉做出贡献。

### 2. 充分发挥中国狮子联会等社会组织作用

“十四五”期间，中国残联将做好政治引领，引导狮子联会健康有序发展，更好服务于残疾人事业。中国狮子联会将在持续健全规章制度、规范会员发展管理的基础上，有序开展各项公益服务。加强具有中国特色服务品牌建设的部署，积极引领各地区

开展系列“温馨工程”：光明行、红色行动、和平海报、点亮蓝灯、童心市集、蓝光行动、救在身边等特色品牌服务活动。针对偏远贫困地区防盲治盲、无偿献血、少年儿童“和平”主题艺术作品创作、孤独症人群关爱活动、儿童公益启迪、关爱健康等方向展开精准服务。强化地方服务特色，因地制宜深入开展丰富多彩的具有地方特色的服务活动。继续探索开展“一带一路”服务活动。不断完善应急救援工作机制，提高应对各种灾害的能力。此外，积极稳妥开展对外交流合作，讲好志愿服务和慈善事业的中国故事，展示我国社会发展和对外开放的良好形象，服务国家外交大局。

（王嘉禾供稿，尤亮审订）

# 募集社会资源，助力残疾人民生

中国残疾人福利金会以“弘扬人道、奉献爱心，全心全意为残疾人服务”为宗旨，坚持“集善”（即“集合人道爱心，善待天下生命”）理念，高举人道主义旗帜，大力倡导扶残助困的良好社会风尚，积极开展募捐活动，筹集资金，致力扶贫攻坚，努力改善残疾人康复、教育、就业等方面状况，推动残疾人福利事业发展。筹集社会资金用于残疾人福利事业是基金会开展工作的第一要务，“十三五”期间，基金会共筹集款物31.64亿元，公益支出共计30.2382亿元，受益残疾人241.17万人次。

## 一、慈善组织将在社会治理中发挥更大作用

“十四五”规划纲要明确提出：“发挥慈善等第三次分配作用，改善收入和财富分配格局。”作为社会主义基本经济制度的分配制度的组成部分，慈善事业定位上升到“第三次分配”的位置，重要性和被重视程度毋庸置疑。“要发挥群团组织和社会组织在社会治理中的作用，畅通和规范市场主体、新社会阶层、社会工作者和志愿者等参与社会治理的途径”，充分体现了国家对社会组织发展的高度重视，对社会组织联系个人和国家、社会、政府的纽带作用的肯定。社会组织将进入一个新的发展阶段。

进入“十四五”，基金会仍要重视解决一些发展中存在的问题，如：理事会治理水平需进一步提高，决策和监督机制应不断

完善，资产管理、财务管理、“三重一大”等制度的执行应更加严格；筹资结构不够合理，捐赠收入中物资占比较大，募集现金量较少；品牌公益项目少，公益项目执行渠道单一，依靠地方基金会多，与残疾人社会服务机构联系不够，等等，努力在社会治理中发挥更大作用，切实为残疾人谋福祉。

## 二、为改善残疾人民生提供更多助力

中国残疾人福利基金会在“十四五”期间，应乘势而上，坚持新发展理念，完善内部治理，提高专业化、社会化水平，实现自身高质量发展。结合残疾人事业发展现状和残疾人工作实际，系统分析主客观条件，进一步明确发展方向，达成组织结构科学、激励机制有效、社会服务专业的目标，实现可持续发展。

在资金筹集、项目设计、项目运作和项目评估方面，基金会应更多地了解服务对象的需求，根据需求和自身能力开展公益项目，逐渐提高专业化水准，不断提高运作水平。发挥桥梁纽带作用，根据社会不同需求提供不同的服务，弥补政府公共服务的不足，管好用好公益资源，建立一个分工明确、专业运作、资源优化组合的体系。以改革创新为动力，以助残项目为载体，以动员社会、筹集资金为主责主业，遵照《中华人民共和国慈善法》和《基金会管理条例》规定，完善法人治理结构，强化内部管理，守住安全底线，依规依纪依法做好资金募集和项目资助工作，全心全意为残疾人服务，为改善残疾人民生提供助力。

1. 切实加强党建工作。始终把党的政治建设摆在首位，严守政治纪律和政治规矩，牢固树立“四个意识”，坚定“四个自信”，做到“两个维护”。加强思想建设，深入学习习近平新时代中国特色社会主义思想；加强党支部标准化规范化建设，发挥党支部的战斗堡垒作用和党员的先锋模范作用；加强纪律建设，严格执行中央八项规定及其细则精神，坚决反对“四风”；加强制度建设，科学统筹党建和业务工作，加强顶层设计，做到党建和业务工作同谋划、同部署、同落实、同考核，把业务工作的热点和难点作为党建工作的切入点，使党建与业务工作融为一体，相互促进。

2. 着力强化内部治理。严格遵守慈善法和《基金会管理条例》等法律法规和基金会章程，严格执行理事会工作制度，进一步发挥理事会作用，确保重大项目、重大投资、重大活动由理事会决策；切实发挥监事会的监督和检查作用；加强财务和资产管理，做好风险防范；依法治会，完善现有规章制度，促进管理工作的制度化。

3. 积极拓宽筹资渠道。营造人人筹资、全员劝募的氛围，逐渐减少物资募集量、提高现金募集占比；巩固已有筹资渠道，做实捐赠方服务，保持长期捐赠企业数量稳定并逐步扩大；深入了解残疾人需求，策划设计为残疾人赋能并可持续开展的公益项目；继续加大网络募捐力度，提高网络筹款额度。在保证现有筹款优势前提下，进一步拓展筹款空间，提高社会公众捐赠资源比重，保证残疾人福利事业长期可持续发展。

4. 努力打造品牌项目。集中力量对已开展的重点公益项目进行总结评估，加大典型案例的宣传，扩大项目的影响力。对开展的项目从目标功能上进行精准分类管理，在十一类不同功能分类下，更好地打造品牌项目。同时要深入实际、深入一线，根据残疾人的需求设计、实施可复制、可推广的公益项目。发挥好平台和桥梁纽带作用，通过公益项目，在基层解决问题，不断为政府排忧解难，反映残疾人群体的利益诉求，维护好、实现好残疾人群体最根本的利益，在社会治理中发挥重要作用。

5. 持续加强项目监管。严格执行项目监管制度，做好项目的事前论证、事中监管、成果评估，优化招标采购流程，探索引入第三方评估。提高项目监管抽查的比例，增强项目监测力度。发挥社会监督的作用，进一步贯彻落实公开透明的原则，向社会公众公开基金会财务、活动、管理等方面的信息，随时接受社会的监督。

6. 不断提升宣传水平。利用重要节点，加大重点公益项目的宣传力度，通过“集善云”和多媒体工作室建设，提升宣传能力，增强社会对残疾人群体的认知，扩大残疾人公益组织的影响力和公益项目的知名度，打磨品牌公益项目。

7. 扎实推进队伍建设。进一步优化机构设置，加强层级管理，充分调动各方面积极性，在不断提高工作效率的同时，努力实现人尽其才、物尽其用；重视学习型组织建设，加大慈善领域政策法规和专业知识的培训力度，鼓励全体工作人员参加社会工作者职业资格考试和登记，努力提高干部队伍社会化、专业化水平，实现从主要依靠经验向主要依靠科学的转化；实行全面绩效考核，完善激励机制；加强社会化合作，引导和团结更多的基层社团、社会服务机构、志愿服务组织共同开展公益项目，打通与残疾人联系的“最后一公里”。

（宋蕾供稿，张雁华审订）

# 加强残疾人服务设施建设

“十四五”期间，将进一步促进残疾人服务设施建设规范化发展，创新服务供给方式，让残疾人在共建共享中有更多获得感，更多、更公平地享受改革发展成果。国家发改委、民政部、退役军人事务部、中国残联共同印发的《“十四五”社会服务设施兜底线实施方案》，对残疾人服务设施建设提出了明确要求。

## 一、“十四五”残疾人服务设施建设工作

### （一）基本原则

1. 统筹规划，分级负责。根据经济发展水平、服务人口规模、存量设施资源等因素，整体规划、统筹推进，整合资源、优化布局，合理确定服务功能和建设规模，强化地方主体责任，分级建设，明确管理责任。

2. 保障基本，突出重点。补齐基础设施短板，提升兜底保障能力，加强对困难残疾人群体的帮扶支持。

3. 因地制宜，节约实用。科学谋划用地选址，践行绿色生态理念，合理确定建设内容和标准，倡导使用新技术、新材料，避免邻避效应，防止贪大求洋，坚持节约使用，不搞重复建设。

4. 多元化投入，提高质量。发挥中央预算内投资“指挥棒”

和“药引子”作用，调动地方政府和社会力量的积极性，引导地方政府推动改革创新，优化服务供给模式，建立可持续发展长效机制。

### （二）发展目标

到2025年，在中央有关部门和各级政府共同努力下，残疾人服务设施条件进一步改善，管理服务专业化、规范化、智能化水平不断提高，人员配置进一步强化。实现每个省区市都有一所专业化的残疾人康复设施，每个地市都有一所专业化的残疾人康复或托养设施，建设若干省级盲人按摩医院，残疾人就业服务能力得到提高。

### （三）建设任务

1. 残疾人康复设施。支持建设省级、市级区域性残疾人康复设施，形成专业化的康复网络。

2. 残疾人托养设施。支持建设省级、市级区域性残疾人托养设施，搭建专业化的托养服务平台，提升区域性统筹集中托养能力。

3. 省级盲人按摩医院。支持建设盲人按摩医院的医疗、康复、培训等基础设施，提升残疾人职业培训水平和盲人就业能力。

### （四）建设标准

1. 残疾人康复设施和托养设施。按照《残疾人康复机构建设标准》（建标165－2013）及《残疾人托养服务机构建设标准》（建标166－2013）有关要求执行。

2. 省级盲人按摩医院。按照《盲人按摩医院（诊所）建设标准（试行）》（残联发〔2021〕7号）《中医医院建设标准》有关要求执行。

### （五）补助标准

中央投资对项目原则上按照东中西部地区（含根据国家相关政策分别享受中西部政策的地区）分别不超过平均总投资或床位平均建设投资30%、60%和80%的比例进行支持。对低于平均投资的项目按照实际投资，原则上给予上述相应比例支持；对高于平均投资的项目，超出部分投资请各地自行解决。

为推进巩固拓展脱贫攻坚成果同乡村振兴的有效衔接，对中部地区原集中连片特殊困难地区县、原深度贫困县、原国家扶贫开发工作重点县项目，按照不超过项目平均投资的80%的比例进行支持。西藏自治区、南疆四地州项目建设资金原则上由中央投资全额安排，四省涉藏州县项目可由中央投资全额安排，享受特殊区域发展政策地区按照具体政策要求执行。

在上述原则基础上，单个项目支持标准为：

1. 残疾人康复设施。省级、市级残疾人康复设施建设规模控制在4.2万平方米以内，每平方米建设投资按照不高于0.3万元测算。

2. 残疾人托养设施。省级、市级残疾人托养设施建设规模控制在1.3万平方米以内，每平方米建设投资按照不高于0.3万元测算。

3. 省级盲人按摩医院。床位数控制在100—200张之间，床位面积控制在75平方米以内，床均建设投资按不高于22万元测算。

## 二、"十四五"残疾人服务设施建设的重点任务

### （一）制定本地区实施方案

各地残联应认真贯彻落实"十四五"规划及《"十四五"社

会服务设施兜底线实施方案》要求，会同当地发展改革部门研究制定当地残疾人服务设施实施方案，及时向地方党委、政府汇报推进残疾人服务设施建设工作的思路、规划和措施，推动将有关内容及时纳入当地经济社会发展中长期规划，促进残疾人服务设施建设能够与经济社会发展规划、土地利用规划和城乡规划相适应，依法保障设施用地。

### （二）编报年度投资计划

国家发改委、中国残联等按年度印发《关于编报社会服务设施兜底线工程XX年中央预算内投资计划建议方案的通知》，安排中央预算内投资支持符合条件的残疾人服务设施建设。各地残联应根据通知要求，遴选前期工作成熟（具备可研批复等）、具备开工条件的项目，确保投资计划下达后能尽快执行。所有申报投资计划的项目，必须纳入国家重大项目库，按照轻重缓急进行排序。要保障地方建设资金和运营经费，并出具地方政府或地方行政主管部门的配套资金承诺函。

### （三）落实项目建设要求

残疾人服务设施建设要严格执行项目法人责任制、招标投标制、工程监理制和合同管理制等建设管理法规，项目设计单位和施工单位必须具有相应资质，做到公平、公正、公开、透明。项目资金使用管理要严格执行国家有关法律、行政法规和财务规章制度，应当遵循专款专用原则，严禁挤占、挪用和截留，确保安全有效。要强化建设过程管理，各级残联要切实加强与发展改革、财政、自然资源、生态环境、住房城乡建设、税务、银保监等相关职能部门的沟通协调，解决工程建设中存在的困难和问题，保障工程项目顺利实施。切实按照规定工期完成建设任务，尽快竣工，尽早使用，发挥最大效益。

### （四）推动项目尽快运营

一是同步规划服务设施建设和运营。各级残联要推动设施建设和运营同步规划，积极争取当地党委、政府的支持，把设施运营放到更加突出的位置。要充分考虑机构运营方式、人才队伍建设、资金设备保障等，确保项目建设完成后尽快投入运营。坚决杜绝只立项，不建设；只建设，不运营。

二是创新设施运营和服务供给模式。加快建立长效机制，采取多种方式引导和支持社会力量参与设施运行，确保服务设施持续运行和良性发展。各地根据实际情况，确定服务设施运行模式。有条件的地方，实行公建公营；积极支持公办合作经营；鼓励公建民营、混合经营。提倡通过公开招标、竞争性谈判、竞争性磋商等方式确定运营主体。

## 三、保障措施

### （一）加强组织领导

各地残联要争取将残疾人服务保障工程摆上政府重要议事日程，纳入政府目标管理，落实保障政策。各省级残联要与发展改革等有关部门密切配合，分工协作，做好本地区残疾人服务设施建设方案。各级残联要加强项目建设管理，明确领导分工责任和分管业务部门主体责任，计划财务、康复、教育就业等部门要加强沟通协调，通力合作，确保服务设施规范运行、发挥效益。

### （二）完善投入机制

各地残联要积极争取地方政府加大投入力度，不仅要发挥中央投资的引导和带动作用，同时，应安排好财政性专项资金。按照相关规定争取一般公共预算、彩票公益金等各类资金投入残疾人服务设施和机构，增加服务供给。积极引导社会资本参与，完善社会资本多渠道、多元化投入体系。在保障国有资产权益的条件下，鼓励推广政府与社会资本合作，提倡社会资本通过各种途径参与残疾人服务设施工程建设和运营，切实发挥社会资本的作用。

各地残联要争取地方政府依据国家扶持残疾人的政策，进一步制定出台相关保障措施，加强政策创新，推动设施良性运营，服务质量持续提升。

### （三）严格项目管理

在当地党委、政府领导下，各地残联要与有关部门加强协作，强化项目管理，将工作责任落实到岗到人。各地残联要积极协调当地发展改革部门，按标准做好项目储备和实施，及时更新、调整、补充重大项目库，对本地区中央预算内投资支持的项目全过程监督管理。随时掌握项目建设情况，及时督促项目开工，做到开工到现场、建设到现场、竣工到现场。确保建设项目保质保量如期完成和运营。严禁改变残疾人服务设施用途，不得用于与残疾人服务无关的办公场所或经营活动，充分发挥为残疾人服务的功能。

（许文静供稿，李冬生审订）

# 努力满足残疾人科技创新需求

习近平总书记指出，创新是引领发展的第一动力。“十三五”以来，中国残联将科技创新作为科技助残和带动残疾人事业发展的有力支撑。以广泛征集残疾人科技需求为基础，以推动残疾人科技纳入国家重点专项为抓手，以支持成果转化应用为重点方向，推动中国残联所属单位及有关业务单位开展残疾人科技研究工作。

在科技部的大力支持下，辅助器具、残疾人体育和无障碍等方面的科研内容被纳入国家重点研发计划，一系列重点专项得以立项和实施。中国残联有关直属单位科研创新机制逐步建立和完善；相关科研力量逐渐汇集，关注参与辅具、残疾人体育和无障碍辅具科研的氛围日渐浓厚；科研成果得到推广和应用，在通过科技手段改善残疾人参与社会生活的环境和条件的同时，助推残联系统科技工作稳定发展。

“十四五”期间，残疾人领域科技创新要紧紧围绕残疾人全面发展、共同富裕的需求，为促进残疾人平等融入社会和残疾人事业高质量发展，充分发挥支撑作用。

## 一、“十四五”残疾人科技创新需求

### 1. 智慧康复技术需求

“人人享有康复”是健康中国建设的重要战略内容，人口结构转型、疾病谱转变，在全球范围深刻影响着人类伤残模式的改变，在我国表现得尤为突出。我国有8500多万残疾人，60岁及以上老年人超过2亿，因老致残和因病致残问题对现行康复体系构成严峻挑战，助老助残主动康复、智能产品与系统成为急需。“十四五”面对残疾人群和人口老龄化，需要充分发挥我国信息技术发展优势，推进智能康复融合创新，以生活自理能力的动态评估、活动参与能力改善、功能障碍康复和发展亚健康临床康复为主攻方向，抢抓数字辅助器具产业发展，开发更人性化智能化的数字辅助器具、运动功能（站坐行）辅助器具、人际交流（听说看）辅助器具、生活自理交流与运动的功能监测评估器械等能够产生功能支持作用和功能替代作用的技术产品。

残疾人科技需突破数字辅助器具核心技术和关键技术原始创新，研发智能制造与适配、智能康复工程与康复医学融合、数字辅助器具认证评价与数字监管、助残养老创新升级等技术，实现数字辅助器具产业跨越式发展，是对构建残疾人与失能、半失能老年人和慢病患者主动健康连续服务与评价的智慧康复体系，特别是开发适合家庭和社区使用的生活自理能力的动态评估、活动参与能力改善及功能障碍康复（技术、产品）和智慧管理平台深度融合，改善康复服务，改善患者整体功能的有效手段。

### 2. 数字无障碍需求

残疾人和老年人社会活动出行安全一直是困扰我国的难点问题。当前道路物化的盲道系统、导盲电子标签和人行导航系统都已不能满足老年人和残疾人出行出游的安全需求。城乡数字无障碍环境，是数字技术与健康建筑、社区安全、城市安全乃至平安中国建设的创新性融合，是新国情、新形势、新需求共同推动下的创新性产物。我国95%以上老年人和残疾人在社区居家养老，一是其不断增长的美好生活和社会活动参与的需求，资源供给与服务成本承担能力有限的矛盾日益凸显。二是无障碍社会环境建设是社会事业与公共安全防御和残疾预防的重点，但如何针对老年人、残疾人和体弱者，开展社会活动安全出行和无障碍社会环境监测及预警，如何摸清我国当前城乡无障碍环境设施改造的需求底数，急需数字城乡大数监测据管理平台的构建。三是如何使残疾人与老年人能够降低出行伤害，强化残疾预防，急需开展城乡数字无障碍环境新型基础设施和数字家庭无障碍共性关键技术平台建设。

### 3. 现代服务系统需求

利用科技创新提高残疾人与老年人生活自理和社会参与的程度，确保他们能够平等获得资源、设施，更好地享受人类文明发展成果，保持国家创新能力和保障社会经济以人为本、和谐、可持续发展，已成为新时代的新课题。

残疾人和老年人的共性问题是功能障碍影响生活质量，特别是降低或丧失生活自理能力和活动参与能力。我国在功能康复、辅助器具、残老一体化服务体系建设、残老一体化大数据智能化应用、残老一体化文化体育服务等方面挑战巨大。主要体现在：残老一体化康复治疗技术和辅助器具数字化、移动化、智能化水平低下，辅具的适配率低，服务标准体系不健全；残老一体化主动健康管理与现代连续服务整体水平不高，残老一体化健康数据碎片化、不完整问题突出，缺乏面向残老一体化的智能化健康监测设备，无法保证健康信息记录的连续性；残老一体化文化体育活动不丰富，残老一体化智能运动健康设备不足，适残助老运动健康产品及系统互操作标准体系不健全，迫切需要对残疾人与失能、半失能老年人因伤残和衰老引起的功能减退进行早期监测、早期发现、早期干预；需要对有功能障碍的残疾人和老年人进行替代支持和辅助支持；也需要对有功能障碍的残疾人和老年人进行监测评估；需要搭建残老一体化现代服务系统共性关键技术创新平台，开发一批残老一体化现代服务关键技术和产品，引领构建新型残疾危害感知、辨识、干预与现代服务技术体系；结合人工智能、物联网、大数据、移动互联网和区块链等技术，发展适合我国国情的残老一体化现代服务系统服务标准及评价体系；建立全数据集成、全要素模拟、全产业共享的老残一体动态监测、现代服务模式与示范推广基地。

## 二、残疾人领域科技创新研发重点

“十四五”期间，残疾人领域科技创新将积极争取国务院残工委各成员单位的支持，结合上述需求，鼓励直属单位会同企业、高校、科研院所等参与残疾人服务科技创新和应用。依托科技部国家重点专项“主动健康和老龄化科技应对”项目的实施，推动残疾预防和康复等基础研究，推动智能化辅助器具、康复设备、盲文数字出版、无障碍等领域关键技术研究和产品推广应用，推动老残康复一体协同创新平台研究。

### 1. 基础研究方面

开展提升残疾预防和康复基础研究水平，确定残疾发生的相关因素与量化程度，掌握残疾人口发生分布规律，残疾预防和康复的技术方法等，同时，加强降低失能、残疾风险等研究，为有效防止出生缺陷、发育障碍致残和残疾康复提供科技支撑。

### 2. 技术产品研发方面

支持研发主动健康和健康老龄化相关的前沿科技、关键重点和适老助老及扶残助残的关键技术和产品。重点解决适老助残的生活辅助、智能出行、人机交互等问题，进一步提高我国残疾人、老年人的健康可及性，从而满足他们能够更好地实现学习、工作和参与社会生活等方面的需要，从而促进我国经济社会发展和产业转型升级。

### 3. 应用示范与推广方面

开展健康促进、老年、残疾医疗服务康复技术和科研协同创新与成果转换化转移的示范应用研究，组建依托行业和领域的老残康复一体协同创新平台，在诊疗技术、机体功能康复重建、生物合成、人工智能和大数据技术领域取得突破。推动康复融合的健康技术推广和服务发展，加强残疾人服务领域科技成果梳理，推进已有科技成果转化应用，扩大老年、残疾人服务模式和技术创新应用的覆盖面。

（钟爱民供稿，李冬生审订）

# 加强残疾人服务标准化建设

《“十四五”残疾人保障和发展规划》明确提出要“加强残疾人服务标准化”，这是贯彻落实习近平总书记关于标准化战略和残疾人事业的重要指示批示，促进残疾人事业高质量发展、扩大残疾人服务供给、提高残疾人服务质量效益的重要举措。

## 一、加强标准化工作是继续推动残疾人事业发展的客观要求和重要内容。

习近平总书记明确提出了国家标准化战略，要求“以高标准助力高技术创新，促进高水平开放，引领高质量发展”。因此，加强残疾人服务标准化建设是贯彻落实习近平总书记重要指示批示，继续推动残疾人事业发展和落实国家标准化战略的客观要求，对于不断满足残疾人日益增长的美好生活需要，进一步保障和改善残疾人生存和发展状况，促进残疾人全面发展和共同富裕都具有重要意义。

我国有8500万残疾人，康复、就业、托养等各类残疾人服务机构达2万多个。当前，残疾人服务标准化建设还处于起步阶段，与党中央、国务院对标准化工作的要求相比，与残疾人的美好生活需要和残疾人事业发展的需求相比，与标准化工作起步早、基础好的教育、民政等领域相比还有相当大的差距。主要问题表现在：

1. 工作机制方面：我国尚无残疾人服务标准化技术委员会，

缺乏残疾人服务标准体系的组织领导和顶层设计，尚未形成残疾人服务标准化工作机制和保障激励机制。

2. 标准制订方面：大多数残疾人服务领域标准体系不健全。一是残疾人服务标准供给明显不足。目前，我国残疾人服务领域的国家标准、行业标准、团体标准和部门规范性文件有200余项，地方标准、团体标准等数量较少，数量较少，个别业务领域存在空白；有些省区市尚未制定统一的准入退出、管理服务标准，现行标准无法全面支撑残疾人服务标准化工作。二是现行标准结构单一。我国现行残疾人相关标准多为辅助器具产品、无障碍设施、机构设施建设等硬件方面的标准，其中辅具产品标准占到残疾人相关国家标准的60%以上。而直接规范残疾人服务管理的标准较少，且结构单一，不能覆盖残疾人服务的主要领域。残疾人急需的康复、辅助器具适配、融合教育、就业创业、文化体育、法律维权等方面的服务标准十分短缺，一些领域甚至还是空白。三是标准陈旧，亟待更新。残疾人相关国家标准、行业标准中，标龄超过10年以上的达60%以上，且更新速度缓慢，已远不能满足残疾人不断变化增长的服务需求。

3. 标准实施方面：残疾人服务标准的宣传贯彻、监督评估等工作还没有系统开展，实施力度较弱。由于缺乏标准引领，部分残疾人服务机构内部治理机制不健全、外部监管机制缺失，存在机构运行不透明、管理无序、服务水平较低等一系列问题，很多服务是不专业、不标准、不系统的，甚至还出现侵犯残疾人合法权益的现象。这些问题需要在“十四五”时期着力加以解决，健全残疾人服务标准体系，以标准化促进形成多元化的残疾人服务供给模式，提高残疾人服务质量效益，提升残疾人服务制度化、均等化和专业化水平，才能更好支撑残疾人服务的高质量发展。

## 二、我国残疾人服务标准化工作需要顶层设计和系统推进。

加强残疾人服务标准化建设需要做好顶层设计，并从以下几个方面系统推进：

1. 要进一步健全残疾人服务标准体系。2018 年，中办、国办印发的《关于建立健全基本公共服务标准体系的指导意见》明确要求构建包括残疾人服务在内的九个领域的国家基本公共服务标准体系。2021 年 3 月，国家发改委等 21 个部门联合印发《国家基本公共服务标准（2021 年版）》，对残疾人社会保障、托养服务、康复服务、教育服务、就业服务、文化体育服务、无障碍环境建设等方面的服务标准提出明确要求。《“十四五”残疾人保障和发展规划》要求细化残疾人基本公共服务项目的设施建设、功能布局、施工规范、设备配置、人员配备、服务流程、管理规范等软硬件标准要求，完善标准体系，加强标准间的统筹衔接和基层设施设备共建共享。“十四五”时期要依据上述文件，以残疾人服务需求为导向、以促进基本公共服务均等化为目标推动建立残疾人服务标准体系。主要内容包括：残疾人服务基础通用标准、残疾人服务专项标准（托养和支持服务、康复服务、教育服务、就业服务、文化服务、体育服务、无障碍服务、维权服务等）和残疾人服务支撑标准。

2. 要加强残疾人公共服务与其他领域公共服务的有效衔接和融合发展。要在教育、就业创业、社会保险、医疗卫生、社会服务、住房保障、文化体育、优抚安置等国家基本公共服务标准中兼顾残疾人服务相关内容，促进各领域公共服务有效融合，加强标准间的统筹衔接和基层设施设备共建共享。

3. 要加强标准化宣传，推动标准的贯彻实施。有关标准规范要通过中国残联网站、全国标准信息公共服务平台等，统一发布，及时宣传，并采取新闻报道、会议、讲座、宣传手册等多种形式，普及标准化知识。在制定残疾人相关政策和履行服务职能时，积极引用和有效使用标准，运用准入条件、合格评定、行政执法、监督抽查和自愿性认证等手段，促进标准的贯彻实施。

4. 要建立标准实施监督和评估反馈机制。出台标准实施效果评估办法，支持有条件的地方开展服务机构评鉴分级。加强康复、托养、盲人按摩等残疾人服务行业管理，全面开展绩效评价，支持残疾人和残疾人亲属参与评价。

5. 要开展残疾人服务标准化试点示范，总结提炼成功做法，推广先进服务和管理经验。通过试点，推动各地区在标准制定、实施、应用、宣传，以及标准水平城乡均衡、动态调整、监测评估等方面探索创新。

此外，还要充分调动各级残联、残疾人服务社会组织参与标准化建设的积极性，支持事业单位和残疾人社会组织参与标准制定、修订工作，健全多主体参与标准化的工作机制。

## 三、我国残疾人服务标准化工作亟须成立标准化技术委员会统筹协调。

全国专业标准化技术委员会（TC）是指导协调各领域标准化建设相关工作的重要机构。我国残疾人服务标准化工作亟须组建残疾人服务标准化技术委员会统筹协调相关工作，主要包括：组织残疾人服务标准体系的规划研究，残疾人服务相关标准的制定、修订，以及参与残疾人服务国际标准化工作。

目前，我国与残疾人服务相关的标准化技术委员会有四个，分别为：全国残疾人康复和专用设备标准化技术委员会（SAC/TC148），主要侧重于残疾人康复和专用设备硬件方面；全国城市临时性社会救助标准化技术委员会（SAC/TC314），主要侧重社会救助机构管理、规范、技术服务标准；全国社会福利服务标准化技术委员会（SAC/TC315），主要承担儿童、养老社会福利机构服务标准；全国服务标准化技术委员会（SAC/TC264），主要负责服务方面的基础国家标准。但是，我国尚无覆盖托养、康复、教育、就业、文化体育、无障碍、维权等残疾人服务各领域的标准化技术委员会。

残疾人服务涉及诸多领域和行业，特性突出，专业性强，残疾人服务标准化技术委员会的缺失，导致残疾人服务标准化工作滞后于残疾人服务发展需求，直接影响服务质量和效益。因此，加强残疾人服务标准化工作亟须组建全国残疾人服务标准化技术委员会，进一步研究健全残疾人服务标准体系，加快急需短缺标准的制定、修订，并在残疾人服务国际标准化工作中发挥积极作用。

总之，“十四五”时期，我们要按照国家标准化战略的要求，进一步加强残疾人服务标准化的顶层设计，完善残疾人服务标准体系，组建残疾人服务标准化技术委员会，加强标准化的宣传和贯彻执行，以期更好满足残疾人服务需求，提升残疾人服务质量，使残疾人获得感、幸福感、安全感更加充实、更有保障、更可持续，推动新时代残疾人事业高质量发展。

（赵溪、冯善伟供稿，
郭春宁、厉才茂审订）

**附录1**

# 《国民经济和社会发展第十四个五年规划和二〇三五年远景目标纲要》关于残疾人保障和发展的内容

## 第五篇　加快数字化发展，建设数字中国

### 第十六章　加快数字社会建设步伐

#### 第三节　构筑美好数字生活新图景

加快信息无障碍建设，帮助老年人、残疾人等共享数字生活。

## 第十二篇　实行高水平对外开放，开拓合作共赢新局面

### 第四十一章　推动共建“一带一路”高质量发展

#### 第四节　架设文明互学互鉴桥梁

密切妇女、青年、残疾人等群体交流。

### 第四十五章　实施积极应对人口老龄化国家战略

专栏18　“一老一小服务项目”

**01　特殊困难家庭适老化改造**

支持200万户特殊困难高龄、失能、残疾老年人家庭实施适老化改造，配备辅助器具和防走失装置等设施。

**02　社区居家养老服务网络建设**

支持500个区县建设连锁化运营、标准化管理的示范性社区居家养老服务网络。提供失能护理、日间照料以及助餐助浴助洁助医助行等服务。

# 第十三篇　提升国民素质，促进人的全面发展

## 第四十四章　全面推进健康中国建设

### 第五节　建设体育强国

办好北京冬奥会、冬残奥会及杭州亚运会等。

# 第十四篇　增进民生福祉，提升共建共治共享水平

## 第四十六章　健全国家公共服务制度体系

### 第一节　提高基本公共服务均等化水平

推动城乡区域基本公共服务制度统一、质量水平有效衔接。围绕公共教育、就业创业、社会保险、医疗卫生、社会服务、住房保障、公共文化体育、优抚安置、残疾人服务等领域，建立健全基本公共服务标准体系，明确国家标准并建立动态调整机制，推动标准水平城乡区域间衔接平衡。按照常住人口规模和服务半径统筹基本公共服务设施布局和共建共享，促进基本公共服务资源向基层延伸、向农村覆盖、向边远地区和生活困难群众倾斜。

## 第四十七章　实施就业优先战略

### 第一节　强化就业优先政策

扩大公益性岗位安置，着力帮扶残疾人、零就业家庭成员等困难人员就业。

## 第五十章　保障妇女未成年人和残疾人基本权益

坚持男女平等基本国策，坚持儿童优先发展，提升残疾人关爱服务水平，切实保障妇女、未成年人、残疾人等群体发展权利和机会。

## 第四节　提升残疾人保障和发展能力

健全残疾人帮扶制度，帮助残疾人普遍参加基本医疗和基本养老保险，动态调整困难残疾人生活补贴和重度残疾人护理补贴标准。完善残疾人就业支持体系，加强残疾人劳动权益保障，优先为残疾人提供职业技能培训，扶持残疾人自主创业。推进适龄残疾儿童和少年教育全覆盖，提升特殊教育质量。建成康复大学，促进康复服务市场化发展，提高康复辅助器具适配率，提升康复服务质量。开展重度残疾人托养照护服务。加强残疾人服务设施和综合服务能力建设，完善无障碍环境建设和维护政策体系，支持困难残疾人家庭无障碍设施改造。

### 专栏 19　社会关爱服务行动

**01　残疾人服务**

加强专业化残疾人康复、托养和综合服务设施建设，补贴110 万户困难重度残疾人家庭无障碍设施改造，提升社区无障碍建设水平。

**02　困难儿童关爱**

支持儿童福利机构建设，提升孤弃儿童集中养治教康水平。加强留守儿童数量较多的欠发达地区未成年保护设施建设。建设残疾儿童康复救助定点机构，推动残疾儿童普遍享有基本康复服务。

**04　精神卫生福利设施**

在精神卫生服务能力不足的地区建设 100 个左右精神卫生福利设施，为困难精神障碍患者提供集中养护、康复服务。

**附录2**

# 《“十三五”加快残疾人小康进程规划纲要》实施情况评估报告

党中央、国务院格外关心残疾人，高度重视残疾人事业。党的十九大报告明确提出“发展残疾人事业，加强残疾康复服务”。习近平总书记对残疾人事业做出一系列重要指示批示，明确要求“全面建成小康社会，残疾人一个也不能少”。国务院2016年8月印发《“十三五”加快残疾人小康进程规划纲要》（以下称《纲要》）。在党中央、国务院的高度重视下，经过各地区、各部门的共同努力，《纲要》确定的主要任务和措施得到落实，农村建档立卡贫困残疾人全部脱贫，城乡残疾人民生保障和服务状况明显改善，获得感、幸福感、安全感显著增强，残疾人和全国人民一道共同迈入全面小康社会的目标如期实现。

## 一、《纲要》实施进展和取得的成效

### （一）农村建档立卡贫困残疾人全部脱贫，困难残疾人基本民生得到稳定保障。

习近平总书记多次强调要“把贫困老年人、残疾人等作为群体攻坚重点”、“加快织密筑牢民生保障安全网，把没有劳动能力的老弱病残等特殊贫困人口的基本生活兜起来”。“十三五”时期，710万农村建档立卡贫困残疾人全部脱贫，残疾人社会保障体系初步建立，残疾人社会福利制度实现突破，困难残疾人基本民生得到稳定保障。

1. **农村建档立卡贫困残疾人如期脱贫。**

落实《中共中央、国务院关于打赢脱贫攻坚战的决定》《中共中央、国务院关于打赢脱贫攻坚战三年行动的指导意见》和中国残联、农业农村部、国务院扶贫办、中国人民银行等26个部门单位制定的《贫困残疾人脱贫攻坚行动计划（2016—2020年）》，将农村贫困残疾人作为群体攻坚的重点，加强精准识别和精准帮扶。按照国家现行脱贫标准，累计710万建档立卡农村贫困残疾人脱贫，贫困残疾人家庭收入增长了2.7倍（由2015年的2824.9元增长到2020年的10384.8元）。616.4万残疾人得到产业扶持，684.5万残疾人获得扶贫资产收益，88万残疾人获得扶贫小额信贷支持，58.1万残疾人享受扶贫公益岗位，69.2万残疾人享受易地搬迁政策，873.7万残疾人纳入农村低保或特困供养范围。各地创造了重度残疾人托养照护、家庭无障碍改造、康复扶贫、产业助残扶贫、电子商务助残扶贫、基层党组织助残扶贫等一系列帮扶贫困残疾人的成功经验和做法。

习近平总书记在全国脱贫攻坚总结表彰大会上讲到，“身残志坚的云南省昆明市东川区乌龙镇坪子村芭蕉箐小组村民张顺东说：‘我们虽然残疾了，但是我们精神上不残，我们还有脑还有手，去想去做。’贫困群众的精神世界在脱贫攻坚中得到充实和升华，信心更坚、脑子更活、心气更足，发生了从内而外的深刻改变！”脱贫攻坚焕发了残疾人的自强精神和创造能力，很多残疾人克服常人难以想象的困难参与脱贫攻坚，他们不但改变了自己和家庭的生活，还带动周围的乡亲和残疾人兄弟姐妹一道脱贫增收，他们自强不息、艰苦奋斗的事迹感动激励了全社会，成为伟大的脱贫攻坚精神的生动典型。李娟等20名残疾人获得国务院扶贫开发领导小组授予的全国脱贫攻坚“奋进奖”、“奉献奖”、“贡献奖”，为残疾人脱贫攻坚做出突出贡献的杨淑亭等34名个人和驻马店市残联等5个集体受到党中央、国务院表彰。

2. **残疾人社会救助得到强化。**

107.5万残疾人得到特困救助供养。实施特困人员供养服务设施改造提升工程，增加医疗护理和康复服务设备，强化了特困残疾人兜底保障能力。1076.8万残疾人纳入城乡最低生活保障。浙江、广东、广西等地将低保边缘家庭中三四级成年精神、智力残疾人按照“单人户”纳入低保，湖北、贵州、甘肃等地对低保对象中的残疾人提高补助标准。以贵州省为例，2015年，贵州省低保平均标准农村为2620元/人/年，城市为453元/人/月，到2020年，农村为4620元/人/年，城市为645元/人/月，残疾人在此基础上再提高20%—30%，提高幅度超过60%。加强医疗救助托底保障，资助符合条件的困难残疾人参加城乡居民基本医疗保险，对其难以承担的政策范围内自负费用给予补助。加强流浪乞讨残疾人救助、救治、寻亲和安置服务。陕西、湖南等地认真落实临时救助政策，为因重大疾病、意外伤害等原因基本生活陷入困境的残疾人提供救助。福建、重庆等地开展一户多残家庭帮扶救助。

3. **残疾人社会保险参保率和保障水平稳步提高。**

落实困难残疾人社会保险个人缴费资助政策，“十三五”末，残疾人城乡居民基本养老保险参保率超过90%，城乡居民基本医疗保险参保率达到95%。一级至六级残疾军人全部纳入职工基本医疗保险范围。低保家庭、特困人员、建档立卡贫困人口中的残疾人全部纳入基本医疗保险和大病保险等补充医疗保险覆盖范围。2699.2万残疾人参加城乡居民养老保险，1140.5万人领取养老金，680.1万重度残疾人和303.7万非重度残疾人得到政府参保资助。辽宁、云南等地为55—59岁参加城乡居民基本养老保险的重度残疾人发放生活补助，与基础养老金同步调整。29 项康复医疗项目纳入基本医疗保险报销范围，加强重性精神病人药物维持治疗门诊保障工作，可参照住院管理和支付。"十三五"时期，工伤保险参保人数增加近 5000 万人，达到 2.6 亿人，因工伤致残的残疾职工在工伤预防、工伤补偿和工伤康复（含辅助器具配置）等方面获得稳定的制度保障，并通过建立待遇调整和确定机制稳步提升待遇水平，伤残职工月人均伤残津贴达 3449 元，月人均护理费达 2265 元。内蒙古、吉林、海南等地支持残疾人购买意外伤害、补充医疗等商业保险。

**4. 残疾人社会福利实现突破。**

2016 年开始全面实施的困难残疾人生活补贴和重度残疾人护理补贴（以下称两项补贴）实现制度全覆盖，并建立起补贴标准动态调整机制。"十三五"时期，累计投入 1300 多亿元，为 1212.6 万困难残疾人发放生活补贴、为 1473.8 万重度残疾人发放护理补贴，成为实现残疾人脱贫攻坚和全面小康目标的重大制度保障。江苏、广东等地将三四级精神、智力残疾人纳入两项补贴范围。加快发展残疾人托养照护服务，各级各类托养服务机构达到 8370 个，486.5 万人次残疾人得到各种形式的托养服务。西藏等地将困难孤寡残疾人优先纳入特困供养服务对象。北京率先建立重度残疾人寄宿制托养补贴制度，并对重度残疾人与重度残疾、高龄父母共同入住机构给予倾斜保障。河南省驻马店市依托村卫生室、乡镇卫生院等开展残疾人集中托养；河南省南阳市建立健全市县乡村四级社会福利机构，开展重度残疾人等特殊困难人群社会化托养照护；河北省衡水市探索以农村特困供养机构为主体、专业医疗机构为辅助、民办养老机构为补充的重度残疾人托养照护模式。宁夏回族自治区固原市隆德县、吉林省长春市九台区等残疾人托养机构将托养与脱贫相结合，创造了“隆隆薯”、“善满家园”等残疾人脱贫攻坚品牌。

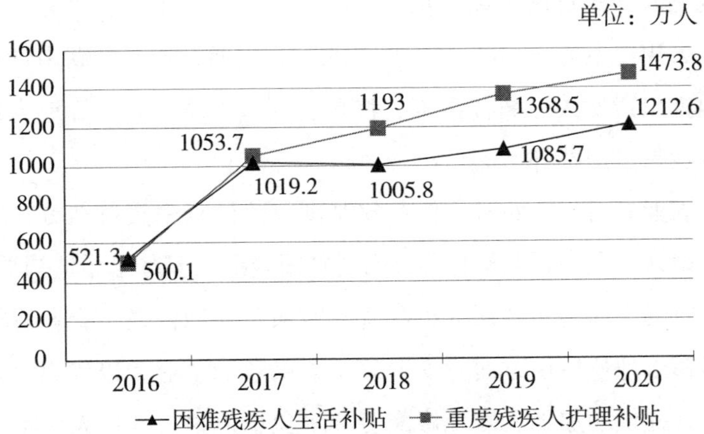


**图 1 “十三五”时期困难残疾人生活补贴和重度残疾人护理补贴发放情况**

北京、辽宁、上海、江苏、浙江、福建、江西、广东、青海、宁夏、重庆等 11 个省（区、市）及部分市、县建立残疾人辅助器具补贴制度，北京建立残疾人家庭无障碍改造补贴制度。“十三五”时期，发放残疾人机动轮椅车燃油补贴约 296. 8 万人次；完善残疾人驾驶汽车政策，进一步保障了单眼视障、单手缺失残疾人驾驶汽车权利。重庆等地为残疾人发放 C5 驾照补贴，北京等地实行残疾人专用车辆免费停车。制定落实残疾人公共交通优惠便利政策措施。国铁集团、退役军人事务部、中央军委后勤保障部、中国残联共同改进完善残疾人旅客专用票额发售工作，残疾人可以在 12306 网站（含 APP）购买为重度残疾人预留的卧铺下铺或专用席位。交通运输部健全特殊旅客权益保障，明确班车客运经营者和汽车客运站对伤残军人、伤残人民警察、残疾消防救援人员等执行客票半价优待政策。工业和信息化部、中国残联制定残疾人信息消费支持政策，对残疾人使用固定电话、移动电话、宽带网络服务等费用予以优惠。福建、海南、贵州、陕西等地给予残疾人用户不低于50%的优惠；北京、山西、浙江、湖南、重庆等地推出残疾人专属优惠卡、优惠套餐。天津、河南等地为残疾人发放信息消费补贴。

农业农村部在农村集体产权制度改革试点中支持地方在成员身份确认、资产折股量化等方面对贫困残疾人家庭给予适当照顾。税务总局全面落实残疾人税收优惠政策，在增值税、企业所得税和城镇土地使用税方面对安置残疾人就业的企业予以优惠；残疾人个人提供的加工、修理修配劳务等免增值税，残疾人所得可以减征个人所得税。海关总署落实残疾人及其用品通关便利措施和进口税收优惠，“十三五”时期，全国海关在残疾人专用品免征进口税收政策项下免征税款4.3亿元。

5. **残疾人基本住房得到保障。**

住房和城乡建设部等优先将符合条件的贫困残疾人家庭纳入危房改造范围，在补助标准上予以倾斜支持，为42.9万户农村贫困残疾人家庭实施了危房改造。通过建设农村集体公租房、幸福大院等方式减轻贫困残疾人家庭危房改造负担。对符合条件的城镇残疾人家庭优先安排公租房，在选择户型、楼层等方面给予照顾。对符合条件的城镇残疾人家庭市场租房给予租赁补贴，更好地满足残疾人多样化的住房需求。“十三五”时期，全国农村残疾人家庭危房全面“清零”，47万城镇残疾人家庭通过实物配租和发放租赁补贴等方式享受公租房保障。

**6. 加强新冠肺炎疫情等突发公共事件中残疾人健康防护和民生保障。**

中央应对新冠肺炎疫情工作领导小组印发《关于进一步做好疫情防控期间困难群众兜底保障工作的通知》等文件，明确了对受疫情影响的残疾人等困难群体的生活保障和照料服务措施。国家卫生健康委把残疾人和残疾人福利机构作为疫情防控的重点人群和重点场所，加强对残疾人的心理疏导服务，为确诊残疾人提供精心治疗和无障碍服务。民政部按时足额为残疾人发放最低生活保障金、两项补贴，为受疫情影响的贫困残疾人、重度残疾人提供临时救助和生活保障服务。教育部统筹安排特殊教育学校的疫情防控、线上教学和有序复课。人力资源社会保障部、中国人民银行支持残疾人企业和个体工商户复工复产。中国残联加强无障碍防疫知识宣传教育，制定残疾人社会支持和个人防护指南；加强残疾人服务机构疫情防控，全国残疾人服务机构实现“零传染”；做好因疫情被隔离或亲属被隔离残疾人的走访探视和生活保障，开展线上康复、职业培训、安全教育等服务。湖北、江苏、江西、广东、西藏、青海等地努力解决受疫情影响盲人按摩机构、残疾人集中就业企业困难和残疾人农产品滞销问题。应急管理部、民政部等在洪涝等自然灾害救援中重点保障残疾人生命安全、身体健康、基本生活和灾后重建，在社区减灾工作中重点保护残疾人等脆弱人群；加强对残疾人服务机构消防安全管理和宣传教育，组织残疾人开展应急演练、技能培训等，提高残疾人、残疾人服务机构防灾减灾意识和自救互救能力。

### （二）就业扶持政策更加完备，城乡残疾人就业稳中向好。

党中央、国务院高度重视残疾人就业。党的十九届四中、五中全会对健全特殊群体就业支持体系、加强残疾人就业帮扶等提出要求，每年政府工作报告都对帮扶残疾人就业做出安排，李克强总理对残疾人就业和职业培训做出批示。这些都有力地增强了残疾人就业创业和企业安置残疾人就业的积极性。"十三五"时期，城乡新增就业残疾人 180.8 万人，超额完成预期指标。城乡持证残疾人就业规模每年均超过 800 万人，2020 年已达 862 万人。

**1. 就业扶持政策更加完备。**

经国务院常务会议审议通过，国家发展改革委会同相关部门联合印发《关于完善残疾人就业保障金制度更好促进残疾人就业的总体方案》，国家发展改革委、财政部、人力资源社会保障部、民政部和中国残联等制定扶持残疾人辅助性就业、自主就业创业和促进残疾人就业政府采购等政策措施。财政部、税务总局等完善残疾人就业税收优惠政策，为残疾人就业创业提供扶持和保护。

**2. 残疾人职业培训和就业服务得到加强。**

人力资源社会保障部、中国残联实施《残疾人职业技能提升计划（2016—2020 年）》，人力资源社会保障部将残疾人纳入终身职业技能培训制度，农业农村部将农村残疾人纳入高素质农民培育计划。"十三五"时期，新增培训残疾人 251.3 万人，为 301.6 万人次农村残疾人提供了实用技术培训，年均 40 万残疾人参加政府补贴的职业培训项目，残疾人职业素养和就业创业能力不断提升。举办了第六届全国残疾人职业技能大赛暨第三届全国残疾人展能节。参加了第九届国际残疾人职业技能大赛，取得了 8 金 6 银 6 铜的优异成绩。

人力资源社会保障部、中国残联每年开展残疾人就业援助月活动，有力带动稳岗就业和社会帮扶。教育部开展了视力残疾、听力残疾（含听力合并言语残疾）及言语残疾人认定特殊教育学科教师资格的试点，并逐步扩大。退役军人事务部按规定加强退役残疾军人免费教育培训和就业创业服务。全国总工会、共青团中央和全国妇联积极促进残疾职工、残疾青年和残疾妇女就业创业。市场监管总局为残疾人自主创业和安置残疾人就业企业提供宽松便捷的环境和优质高效的服务。中国人民银行指导中国农业银行等金融机构加强残疾人和安置残疾人就业企业的金融服务，支持残疾人教育、脱贫和就业创业。中国残联加强各级残疾人就业服务机构建设，推动残疾人就业服务信息化。通过政府购买服务方式加强和改进对残疾人的就业服务。“十三五”时期，全国各级各类残疾人就业服务机构达到2782个，专职工作人员1.2万名，挂牌建立国家级残疾人职业培训基地478个。

3. **多渠道、多层次扶持残疾人就业创业。**

推动党政机关带头安置残疾人就业。“十三五”时期，中央国家机关和北京、上海、浙江、山东等地录用残疾人公务员年均百余名。工业和信息化部鼓励互联网企业履行社会责任，帮助残疾人就业创业。阿里巴巴、京东、新浪等均已推出面向残疾人的专属岗位和职业培训，约20万残疾人在淘宝天猫注册网店，阿里巴巴提供云客服、字幕翻译、编程、美编等在线工作岗位安排残疾人就业。盲人按摩行业规范有序发展，盲人医疗按摩人员达到12021人，保健按摩人员达到11万余人，形成了无锡“好轻松”、南昌“洪派盲人按摩”、大同“平城推拿”等服务品牌。上海、北京等地创新推出“熊爪”咖啡、黑暗餐厅等残疾人新就业形态。培育了河北省行唐县残疾人双创园、湖南七七科技股份有限公司等一批残疾人创业企业。

积极发展辅助性就业，帮助难以进入竞争性劳动力市场的重度肢体、智力和精神残疾人参加生产劳动。全国建有残疾人辅助性就业机构2000余个，安置各类残疾人14.3万人。北京、天津、江苏、江西、河南、湖南、陕西、甘肃等地在创新按比例安排残疾人就业形式、落实残疾人就业补贴奖励制度、扶持残疾人就业创业孵化基地、开展残疾人集中就业单位产品展销、加强和改进残疾人就业服务等方面创造了一系列成功经验和做法。

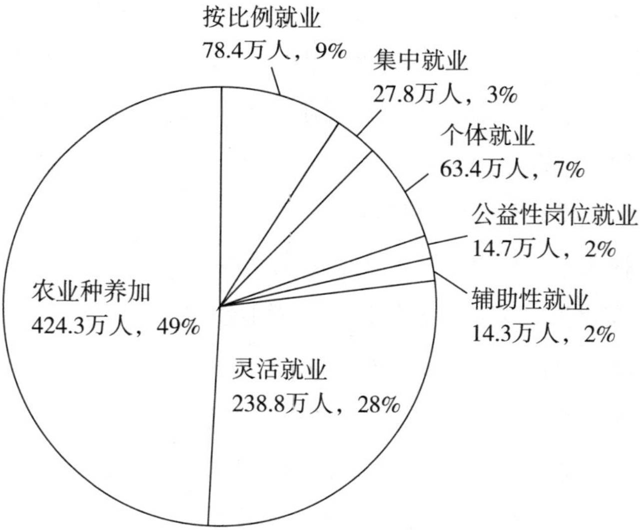


**图2　2020年城乡持证残疾人就业情况**

（三）残疾人基本公共服务水平提升，社会环境更加友好便利。

残疾人基本公共服务作为重点领域纳入国务院印发的《“十三五”推进基本公共服务均等化规划》和国家发展改革委等部门印发的《加大力度推动社会领域公共服务补短板强弱项提质量促

进形成强大国内市场的行动方案》，中共中央办公厅、国务院办公厅印发的《关于建立健全基本公共服务标准体系的指导意见》对包括残疾人相关基本公共服务在内的服务标准体系建设提出要求。“十三五”时期，残疾人康复、教育、文化体育、无障碍等服务全面开展，覆盖面不断扩大，质量效益不断提高，为加快残疾人小康进程提供了有力支撑。

1. **大力开展残疾预防。**

国务院办公厅印发《国家残疾预防行动计划（2016—2020年)》，对加强残疾预防，有效减少、控制残疾的发生发展做出部署。中国残联牵头成立由 17 个相关部门组成的残疾预防工作协调小组，设立全国残疾预防和残疾人康复专家咨询委员会，建立 100 个残疾预防综合试验区。国务院批准每年 8 月 25 日为“残疾预防日”，中央宣传部、教育部、中国残联等部门共同开展宣传活动，树立全社会、全生命周期的残疾预防意识。

国家卫生健康委加强出生缺陷预防工作。编制发布出生缺陷防治核心信息 20 条，全国婚检率达 68.4%，孕前优生健康检查率达 80% 以上，唐氏综合征产前血清学筛查率达 81.1%，累计为 1.2 亿名农村生育妇女补服叶酸。将儿童心理行为发育问题预警征象筛查及健康管理纳入基本公共卫生服务，为新生儿开展遗传代谢病、听力和先天性心脏病筛查，持续推进 0—6 岁儿童视力、听力、肢体、智力以及自闭症等五类残疾筛查、诊断和干预等工作，实施出生缺陷干预救助项目，有效预防和减少先天残疾发生。广泛开展“三减三健”（减盐、减油、减糖，健康口腔、健康体重、健康骨骼）专项行动，开展脑卒中和心血管病高危人群筛查干预项目，开展碘缺乏、大骨节病、克山病、饮水型氟中毒、砷中毒等疾病防治，预防慢性病、传染病、职业病、地方病致残。

持续开展防盲防聋。开展全国爱眼日、爱耳日等科普活动，建立完善防聋治聋国家级工作网络，加强儿童青少年近视矫治、防控和视力健康管理。国家民委、市场监管总局等推广健康饮茶，防止各族群众饮用高氟茶造成氟骨病致残。国家卫生健康委提升各地突发事件紧急医学救援能力，应急管理部、工业和信息化部、交通运输部、公安部、人力资源社会保障部等有效排查全国钢铁行业企业重大生产安全事故隐患，持续改善工贸行业涉粉尘生产企业工人劳动条件，开展道路交通领域隐患专项整治，加强工伤预防，发生重特大事故的风险得到有效控制，因事故造成残疾的风险不断降低。

**2. 残疾人康复服务状况持续改善。**

国务院制定实施《残疾预防和残疾人康复条例》《关于建立残疾儿童康复救助制度的意见》，为残疾预防和康复工作提供法治保障。国家医疗保障局落实残疾人医疗康复保障政策。北京、吉林、上海、浙江、安徽、福建、四川、青海等地扩大残疾儿童康复救助年龄范围或提高补助标准。中国残联、国家卫生健康委、国务院扶贫办共同开展残疾人精准康复服务行动，推动残疾人家庭医生签约服务，努力实现残疾人享有基本康复和基本公共卫生服务。1014 个市辖区和 1712 个县（市）开展社区康复，国家卫生健康委、民政部、中国残联等制定《残疾人社区康复工作标准》《精神障碍社区康复服务工作规范》等，提高社区康复服务质量。“十三五”时期，4330 万人次残疾人得到基本康复服务，96.7 万人次残疾儿童得到康复救助，1252.8 万人次残疾人得到辅助器具适配服务。残疾人基本康复服务覆盖率和辅助器具适配率均超过 80%。

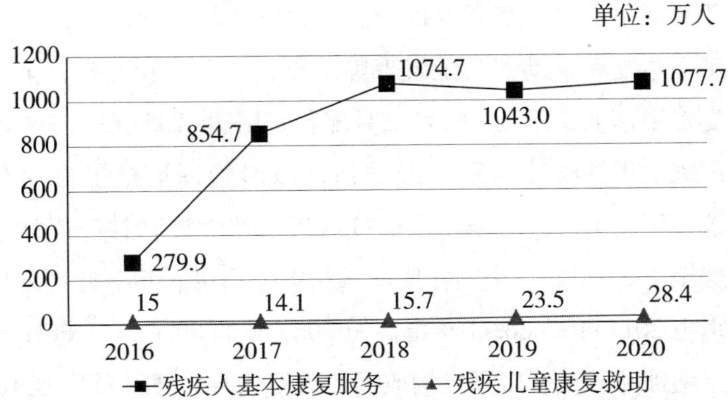


**图 3 “十三五”时期持证残疾人和残疾儿童基本康复服务情况**

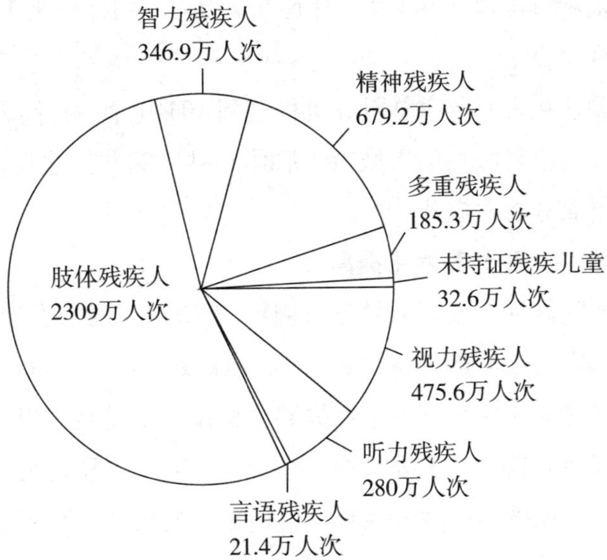


**图 4 “十三五”时期各类别残疾人基本康复服务情况**

国家卫生健康委、国务院扶贫办实施“光明扶贫工程”，免费救治 30 万名建档立卡贫困白内障患者。民政部实施“福康工程”，为 6 万多人次城乡贫困残疾人配发康复辅助器具、进行手术矫治和康复；实施“残疾孤儿手术康复明天计划”，为 22.3 万残疾孤儿开展手术治疗和康复训练。人力资源社会保障部落实残疾职工工伤康复和辅助器具配置保障工作，“十三五”末，全国次均康复费用达1.3万元、次均辅具配置费用达6735元。

国家卫生健康委印发《严重精神障碍管理治疗工作规范》，民政部、国家卫生健康委、中国残联等加快发展精神障碍社区康复。截至2020年底，全国在册严重精神障碍患者643万人，规范管理率由2015年的86.40%提高至2020年的89.01%，60%的区县设立精神障碍社区康复机构或通过政府购买服务开展康复工作，97.8%的区县以奖代补落实严重精神障碍患者监护责任。全国精神卫生福利机构达到144家，床位6.7万张。精神科执业（助理）医师达到50496人。

全国残疾人专业康复服务机构达到10440个，在岗人员29.5万人。鼓励康复医院加入城市医联体和县域医共体建设，促进区域内康复服务能力提升。

**3. 残疾人受教育水平提高。**

国务院修订《残疾人教育条例》，教育部、国家发展改革委、财政部、中国残联等共同实施两期特殊教育提升计划。教育部、中国残联建立残疾儿童少年数据共享机制，推动地方以区县为单位建立残疾人教育专家委员会，“一人一案”安置适龄残疾儿童少年入学。积极推行融合教育，促进更多残疾儿童少年在普通学校就读。“十三五”末，残疾儿童少年接受义务教育比例达到95%，全国特教学校达到2244所、在校生88.08万人、特教专任教师6.62万人，比“十二五”末分别增加9.3%、99.2%、31.6%。义务教育阶段特殊教育学校和随班就读残疾学生生均公用经费标准达到6000元。山西、陕西等10余个省（区、市）提高特殊教育教师津贴标准。

家庭经济困难残疾学生按规定享受普通高中免学杂费政策和中等职业教育免费政策。加快发展残疾人职业教育，累计资助30所次中高等特教院校改善办学条件、提高办学质量。制定残疾人参加普通高考便利措施，5.75万名残疾学生进入普通高等院校学习。实施单考单招，近1万名残疾学生被高等特教院校录取。资助8万多名家庭经济困难的残疾儿童接受普惠性学前教育。22.1万名青壮年残疾人文盲接受扫盲教育。

发布实施盲校、聋校和培智三类特殊教育学校义务教育课程标准，编写完成239册新课标教材，提升特殊教育质量。研制国家通用手语和国家通用盲文，以特教学校和公共服务领域为重点在全国推行。编写《中华经典读本》（手语版、盲文版），加强国家手语和盲文研究中心建设。开展听力、视力残疾人普通话水平测试工作，共测试约1300人次。

**4. 群众性文化活动广泛开展，残疾人精神文化生活更加丰富。**

出版《习近平新时代中国特色社会主义思想学习纲要》《习近平谈治国理政》第三卷等盲文版、大字版时政类读物，帮助残疾人学习习近平新时代中国特色社会主义思想。

文化和旅游部引导各类公共文化服务机构积极为残疾人提供优先、优质、优惠的文化产品和服务，广泛开展面向残疾人的文化志愿服务。文化和旅游部、中国残联等组织开展“全国残疾人文化周”、“共享芬芳·共铸小康”、“书香中国·阅读有我”、文化进残疾人家庭“五个一”等残疾人文化服务示范活动，每年近160万残疾人参与。

实施“盲人数字阅读推广工程”，全国各级公共图书馆设立盲文及有声读物阅览室1258个，席位达到2.8万个，盲文图书藏量达到100多万册，视听文献126.6万盘。各地普遍开展盲人无障碍影视服务，形成“光明影院”、“心目影院”等服务品牌。开设省级残疾人专题广播节目25个、电视手语栏目34个；地级残疾人专题广播节目209个、电视手语栏目262个。

支持残疾人参与非物质文化遗产传承，扶持172个全国残疾人文化创意产业基地。举办第九届全国残疾人艺术汇演，华东地区残疾人文创作品展等地方残疾人文化活动日益活跃。

**5. 全力备战北京2022年冬残奥会，推动残疾人体育全面发展。**

我国开展冬残奥项目由2个拓展到6个，实现了冬残奥比赛大项全覆盖，冬季项目运动员由不足50人发展至上千人，中国残疾人体育代表团预计将参加北京冬残奥会全部6个大项70多个小项的比赛，努力在“家门口”取得好成绩。“十三五”时期，中国残疾人体育代表团参加59项冬残奥国际赛事、获得38枚金牌。在2018年平昌冬残奥会上勇夺轮椅冰壶金牌，实现了冬残奥会金牌和奖牌零的突破。大力开展残疾人大众冰雪运动，举办“中国残疾人冰雪运动季”等活动。

中国残疾人体育代表团在2016年里约残奥会上实现金牌数和奖牌数四连冠。在第23届夏季听障奥运会、第19届冬季听障奥运会上取得参赛以来的最好成绩。在第14届、第15届世界夏季特奥会上取得优异成绩。“十三五”时期，中国残疾人体育代表团共参加160项国际赛事，取得1114枚金牌。成功举办全国第十届残运会暨第七届特奥会，实现了残运会与全运会首次同城举办。

体育总局、中国残联推动残疾人康复健身体育和竞技体育均衡发展。将残疾人作为全民健身服务的重点人群，实施“自强健身工程”、“康复体育关爱工程”和“全民健身助残工程”，举办

“残疾人健身周”、“全国特奥日”等群众性残疾人体育活动，累计建设残疾人社区健身示范点10675个，培养残疾人社会体育指导员12.5万名，研发推广摇摆铃等适合残疾人使用的小型康复健身体育器材，创编普及轮椅哑铃操、盲人花式跳绳等残疾人康复健身体育项目和方法。为43.4万户重度残疾人提供了康复体育进家庭服务。经常参加社区文化体育活动的残疾人由“十二五”末的6.8%增长至“十三五”末的17.8%。

6. **无障碍建设加快推进，环境更加友好便利。**

《国务院办公厅关于全面推进城镇老旧小区改造工作的指导意见》对无障碍改造提出要求。住房和城乡建设部、中国残联等共同开展城市居住社区建设补短板行动，指导各地补齐老旧小区无障碍设施短板，居住区配套居民停车场（库）设置无障碍机动车位。住房和城乡建设部开展城市体检评估，指导样本城市查找短板和不足，加强无障碍设施建设。交通运输部、文化和旅游部、中国人民银行、银保监会、国家邮政局等加快推进交通运输、旅游、金融、邮政等行业无障碍建设。加快交通基础设施无障碍建设，推广低地板公交车和无障碍出租车，3598辆动车列车组设置了残疾人专用席位。盲人可携带导盲犬乘坐火车、飞机。银行业金融机构改造坡道、盲道，设置无障碍卫生间和停车位。邮政部门为重度残疾人提供上门服务，快递行业为聋人客户提供短信服务。推进法院接待、审判场所无障碍，允许相关辅助、陪护人员陪同残疾当事人出庭。北京冬奥会、冬残奥会场馆，雄安新区，北京大兴国际机场等重点工程无障碍建设取得进展。命名146个无障碍示范和达标市县村镇。加快实施残疾人家庭无障碍改造，累计为65.3万贫困重度残疾人家庭实施无障碍改造，为残疾人脱贫攻坚和独立生活提供了有力支撑。

工业和信息化部、中国残联等加快推进信息无障碍建设，帮助残疾人共享信息社会的便利。开展“中国政务信息无障碍公益行动”，为超过800家政府单位搭建信息无障碍服务平台，3.2万个政务网站实现信息无障碍。加快阅读类、生活类、交通出行类移动互联网应用（APP）无障碍改造。湖北等地建立无障碍信息交流综合服务平台，为视力、听力和言语残疾人提供语音短信、文字短信紧急呼叫、语音定位导航等服务。

**7. 扶残助残社会氛围更加浓厚。**

中央宣传部、广播电视总局加大对残疾人事业宣传力度，深入宣传习近平总书记关于残疾人事业的重要指示批示，宣传党中央、国务院对残疾人和残疾人事业的格外关心、格外关注。国务院新闻办发表《平等、参与、共享：新中国残疾人权益保障70年》白皮书，举办6次关于残疾人事业的新闻发布会。《人民日报》发表文章440余篇，新华社发布报道800余篇，中央电视台《新闻联播》播出报道78条。编辑出版《中国残疾人事业研究报告》蓝皮书、《中国残疾人发展与社会进步年度纵览》《自强之歌》《助残之歌》和《残疾人研究》等主题出版物。制作播出了《北极光》《最深的夜，最亮的灯》等一批残疾人题材优秀舞台剧、纪录片、公益广告和网络视听节目，支持拍摄了《朝华》《归雁》《盲舞》等公益电影。工业和信息化部组织中国电信、中国移动、中国联通发送“全国助残日”、“残疾预防日”公益宣传短信超过50亿条。开设中国残联新媒体平台，向海内外宣传中国残疾人事业和人权保障成就。扶残助残的社会氛围更加浓厚，残疾人参与社会生活的环境明显改善。

## （四）残疾人事业法律法规政策标准体系更加完备，残疾人平等权利得到更好保障。

加快推进残疾人事业法律法规政策标准体系建设，促进残疾人保障法等法律法规实施，为维护残疾人平等权利和加快残疾人小康进程提供法治保障。

**1. 完善残疾人权益保障法律法规体系。**

民法典、基本医疗卫生与健康促进法、公共文化服务保障法、中医药法等20多部法律法规中规定保障残疾人权益的内容。国务院颁布《残疾预防和残疾人康复条例》、修订《残疾人教育条例》，各省（区、市）完成残疾人保障法地方实施办法修订工作，残疾人保障法配套行政法规和地方法规更加完备。

**2. 基本形成残疾人事业规划体系。**

“十三五”国民经济和社会发展总体规划对保障残疾人基本权益、提升残疾人服务保障水平做出部署，人口发展、基本公共服务等相关专项规划将残疾人事业作为重要内容予以部署，各省（区、市）制定实施加快残疾人小康进程或残疾人事业发展规划，基本形成了互相衔接、互为补充的残疾人事业规划体系。

**3. 初步建立残疾人事业公共政策体系。**

中共中央、国务院《关于打赢脱贫攻坚战的决定》《关于打赢脱贫攻坚战三年行动的指导意见》《关于实现巩固拓展脱贫攻坚成果同乡村振兴有效衔接的意见》，中共中央办公厅、国务院办公厅《关于建立健全基本公共服务标准体系的指导意见》等政策文件将残疾人作为重点目标人群，国务院出台了《关于全面建立困难残疾人生活补贴和重度残疾人护理补贴制度的意见》《关于加快发展康复辅助器具产业的若干意见》《关于建立残疾儿童康复救助制度的意见》《国家残疾预防行动计划（2016—2020年）》等专项政策文件，国务院残工委成员单位制定了残疾人社会保障、就业促进、公共服务等方面的51项政策文件（清单附后），残疾人事业公共政策体系初步建立。

**4. 加快推进残疾人服务标准体系建设。**

国家标准化管理委员会高度重视残疾人服务标准体系建设，将残疾人公共服务标准纳入国家标准化战略。住房和城乡建设部、工业和信息化部等制定修订残疾人就业服务中心等工程建设标准和无障碍等行业标准；中国残联、国家语委、教育部发布国家通用手语常用词表、国家通用盲文方案、汉语手指字母方案、《中华人民共和国国歌》国家通用手语方案等语言文字规范；国家标准化管理委员会发布残疾人托养、文化服务、城市公共交通无障碍、互联网信息无障碍和导盲犬等15项国家标准。《城市公共汽电车客运服务标准》等相关国家标准和旅游景区、旅游饭店质量等级划分与评定等相关行业标准规定了残疾人服务标准的内容。哈尔滨、合肥等地开展残疾人基本公共服务标准化建设试点。《服务于视障者的信息服务系统》成为我国主导、国际电信联盟批准的首个信息无障碍国际标准。

**5. 加大残疾人权益保障法律法规的宣传执行力度。**

中央宣传部、司法部等大力宣传残疾人合法权益保护方面的法律法规。中国人民银行、税务总局组织开展残疾人金融、税务知识普及。司法部促进残疾人获得普惠、精准、及时和优质高效的公共法律服务，组织办理残疾人法律援助案件23万余件，为残疾人提供法律咨询97万余人次。司法部、中国残联开展“法援惠民生·关爱残疾人”品牌建设活动。中国残联开通12385残疾人服务热线，做好残疾人信访工作。开展残疾人学法用法专项行动，举办全国残疾人权益保障法律知识网络竞赛、残疾人法律知识大讲堂、全国盲人法律知识演讲比赛等活动，促进残疾人知法懂法守法用法。

“十三五”时期，全国“两会”关于残疾人和残疾人事业的建议提案达到431件，全国政协举办以“重视特殊教育”、“无障碍环境建设”为主题的双周协商座谈会。各级人大、政协开展残疾人保障法执法检查、视察和调研3000多次。公安部严厉打击强迫智力残疾人劳动等违法犯罪行为。最高人民法院公布10起残疾人权益保障典型案件，发挥司法裁判的示范引领作用。

**6. 保护残疾人权益，激励残疾人自强自立。**

公安部、退役军人事务部、中央军委政治工作部加强伤残民警、残疾军人抚恤优待和退役伤病残军人移交安置工作。全国总工会、共青团中央、全国妇联重视维护残疾职工、残疾青年、残疾妇女、残疾儿童合法权益。国家民委围绕筑牢中华民族共同体意识，充分尊重少数民族残疾人风俗，促进少数民族残疾人脱贫，维护少数民族残疾人合法权益。西藏、新疆残疾人事业跨越发展，为当地社会稳定和长治久安发挥了积极作用。

激励残疾人自强不息精神，鼓励残疾人自尊、自信、自强、自立，积极投身全面建成小康社会的伟大实践，涌现出“时代楷模”杜富国、张富清等一大批残疾人自强典型。6637名残疾人、残疾人亲属和残疾人工作者担任各级人大代表和政协委员。召开第六次全国自强模范暨助残先进表彰大会，表彰167名“全国自强模范”，习近平总书记、李克强总理等党和国家领导人会见与会代表。

（五）更加重视社会力量和市场主体作用，凝聚加快推进残疾人小康进程的合力。

促进残疾人志愿服务、慈善事业和服务产业发展，越来越多的社会力量和市场主体参与残疾人事业，成为残疾人服务的重要力量。

**1. 积极推进政府购买助残服务。**

财政部、民政部、中国残联等共同开展政府购买助残服务试点，完善指导性目录，规范采购流程，制定标准规范。“十三五”时期，各级残联共安排政府购买助残服务专项资金 132.9 亿元，开展服务项目 31471 项，服务对象达 1.6 亿人次。

**2. 助残志愿服务和慈善活动广泛开展。**

国务院残工委每年组织开展“全国助残日”活动。中央文明办、共青团中央、中国残联等组织开展“志愿助残阳光行动”，6.7 万支志愿者团队、237 万名青年志愿者和 310 万残疾青少年开展结对服务。中央文明办、全国妇联开展的“巾帼志愿服务”为残疾妇女儿童提供特别关爱。文化和旅游部扶持内蒙古自治区图书馆“心之光”盲人读者无障碍服务等文化助残志愿服务。公安部“百万警进千万家”活动加强对残疾人等困难家庭走访和帮扶。中央军委政治工作部组织官兵就近就便为驻地残疾人提供走访慰问、送医送药等志愿服务，开展科技扶残、文化助残、医疗治残等活动。中国残疾人福利基金会“集善工程”系列慈善服务项目、中国狮子联会“温馨工程”助残服务项目累计投入款物折合人民币 39.3 亿元，为残疾人康复、教育、就业、脱贫等方面提供帮扶。截至 2021 年 5 月底，民政部门依法登记、各级残联作为业务主管单位，以残疾人为参与主体、以直接服务残疾人为主要业务范围的社会组织共 7368 个，北京、河北、吉林、湖南等地创建“爱系列”、“善立方”、“积善助残”、“湘助残”等公益助残品牌，全社会关爱帮助残疾人的氛围日益浓厚。国务院残工委表彰了 100 个“全国助残先进集体”和 100 名“全国助残先进个人”。中国残联委托第三方专业机构所做的调查显示，86% 的社会公众表示“愿意”或者“非常愿意”参与关爱残疾人志愿服务。

**3. 残疾人服务产业得到拓展。**

落实《国务院关于加快发展康复辅助器具产业的若干意见》，民政部牵头建立了部际联席会议制度，开展国家康复辅助器具产业综合创新试点，在产业集聚发展、服务网络建设、业态融合等方面探索经验，开展康复辅助器具社区租赁服务试点，探索康复辅助器具适配新模式。工业和信息化部等支持辅助器具、康复机器人等产业发展，将部分康复机器人纳入首台（套）重大技术装备推广应用指导目录。中国人民银行引导金融机构强化对残疾人康复相关产业的信贷支持和金融服务。市场监管总局、民政部、中国残联等发布辅助器具合格产品目录，开展辅助器具质量监督抽查，营造辅助器具产业发展的良好市场环境。中国残联推动建设 6 个国家辅助器具发展区域中心，完善辅助器具适配服务网络，探索和推广“互联网 +”辅助器具适配服务模式。举办中国国际福祉博览会暨中国国际康复博览会，为辅助器具产品展示、技术交流、商贸采购等提供了良好平台。

### （六）加强基础保障条件建设，为残疾人事业发展提供支撑。

党对残疾人事业的领导全面加强，残疾人事业领导体制、工作机制、财政投入、基础设施、信息化、人才培养等基础保障条件不断改善，为加快残疾人小康进程和残疾人事业发展提供了保障和动力。

**1. 残疾人事业领导体制和工作机制更加完善。**

国务院残工委贯彻落实习近平总书记关于残疾人事业的重要指示批示和党中央、国务院决策部署，加强统筹协调，各成员单位各司其职、各负其责、密切配合，形成高效协同的工作合力。各地普遍建立党委领导、政府负责的残疾人事业领导体制和工作机制，将残疾人工作纳入民生实事和党委政府年度考核内容。四川、湖南、宁夏等地完善政府残工委工作规则，明确职责分工，建立年度述职制度。党对残疾人事业的领导全面加强，为残疾人事业发展提供了政治保障。

**2. 各级财政对残疾人事业投入力度持续增加。**

“十三五”时期，中央财政累计安排残疾人事业发展补助资金161亿元，专门用于支持开展残疾人康复、扶贫、托养、助学、家庭无障碍改造等工作；全国各级财政累计安排残疾人事业资金2896亿元，年均增长11.5%。地方财政普遍增加对残疾人事业的投入，浙江、上海、湖北、河南、广东、安徽、重庆、云南等地增幅明显。

**3. 基础设施建设和使用管理得到加强。**

“十三五”时期，国家发展改革委累计安排中央预算内投资57.13亿元，比“十二五”同期增长90.43%，支持805个残疾人康复、托养和综合服务设施建设，建成各类服务设施累计达到4405个。建成国家残疾人冰上运动比赛训练馆。各地采取公建公营、公建民营等多种形式规范运行管理，充分发挥基础设施的作用。

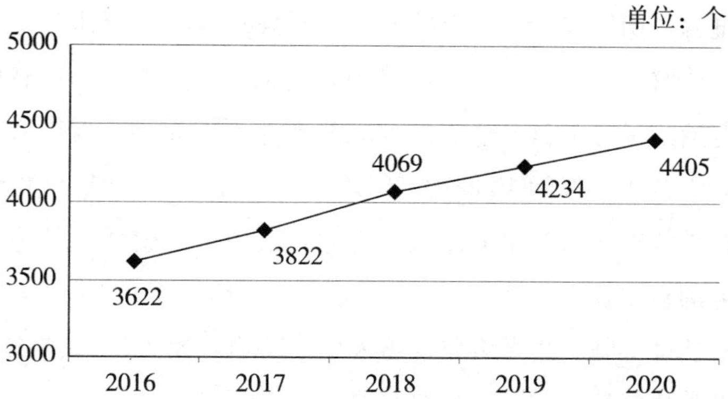


**图 5 “十三五”时期残疾人康复、托养和综合服务设施建设情况**

4. **信息化建设不断进步。**

残疾人两项补贴等纳入政府政务服务信息化平台，加快推进残疾人证办理、残疾人按比例就业年审等事项“跨省通办”。搭建全国残联信息化服务平台，促进“互联网 + 助残服务”模式创新应用，鼓励各地采取线上线下相结合、智能化创新和传统服务相结合的方式开展残疾人服务。北京实现残疾人辅助器具申请、审批、购买、配送和结算“一站式”全程网上办理，入选《2020 年联合国电子政务报告》经典案例。山东、青海、宁夏等地社会保障卡加载残疾人服务功能。规范残疾评定，推行残疾人证电子证照，为残疾人办证提供便利服务。完善残疾人人口基础数据库，入库持证残疾人 3780.7 万人，开展全国残疾人基本服务状况和需求专项调查、残疾人家庭收入调查，推动残疾人事业大数据建设。

5. **专业人才培养和科技应用加快推进。**

中国残联、国家卫生健康委、国家发展改革委、教育部、财政部、人力资源社会保障部和山东省、青岛市共同推动康复大学筹建工作，按照高起点、高水平、国际化的办学理念，完成了选址、批筹、用地规划、资金筹措、校园规划设计、筹建总体规划研制、专家库组建、学科论证等一系列工作。全国189所高校开设康复治疗学等本科专业。培训康复专业人员超过3万人次，培训特教学校骨干教师13000多人次、校长576名，开展残疾人就业、托养等专业人才培养培训。设立残疾人就业辅导员等为残疾人服务的新职业。

科技部实施"生殖健康及重大出生缺陷防控研究"、"主动健康和老龄化科技应对"、"科技冬奥"等国家重点专项，推进残疾人康复、智能化辅助器具、残疾人体育竞赛等方面的科学研究、技术创新、产品研发和成果转化，实现缺陷疾病筛查、阻断等一批重点技术突破，为残疾人服务提供科技支撑。

**6. 残疾人组织桥梁纽带作用更好发挥。**

各级残联以习近平新时代中国特色社会主义思想为指导，贯彻落实习近平总书记关于残疾人事业的重要指示批示和党中央、国务院决策部署，为残疾人解难，为党和政府分忧，团结带领广大残疾人听党话、感党恩、跟党走。全面落实从严治党各项任务，落实中央党的群团工作会议精神和《中国残疾人联合会改革方案》，开展"强基层"、"走转改"、"学听跟"、"邀访·倾听"等专项改革和活动，各级残联政治性、先进性、群众性明显增强，残疾人工作者政治意识、综合素质、履职能力明显提高，与残疾人的血肉联系更加紧密。

基层残疾人组织更加健全。民政部、中国残联共同推动村（社区）残疾人协会建设。形成了北京"温馨家园"，上海"阳光之家"，江苏、浙江、安徽"残疾人之家"，广东"社区康园中心"，福建"福乐家园"等一批基层服务品牌。上海实现残疾人社区服务全覆盖并逐步实行"全市通办"和"一网通办"。残疾人专门协会工作更加规范活跃，开展了“阿炳杯盲人器乐大赛”、“沣标杯聋人摄影大赛”、“希望之家”、“牵着蜗牛去散步”、“精残政策进万家”等一批深受残疾人欢迎的服务项目。

7. **残疾人事务国际影响力显著提升。**认真履行《残疾人权利公约》，落实联合国 2030 年可持续发展议程涉残疾人可持续发展目标，我国残疾人事业成就得到国际社会的赞誉。成功举办 2013—2022 年亚太残疾人十年中期审查高级别政府间会议，习近平主席和联合国秘书长古特雷斯向会议发来贺信，由中国首倡、在北京发起的“亚太残疾人十年”成为残疾人事务区域合作的典范。成功举办两届“一带一路”框架下残疾人事务主题活动，推动“一带一路”残疾人康复、辅助器具、文化体育等领域务实合作。在联合国成立 75 周年和北京世界妇女大会召开 25 周年之际，中国残联与联合国亚太经社会、联合国妇女署和康复国际共同发起促进残疾妇女融合发展的倡议，得到国际社会的积极反响。积极参与国际残疾人事务治理体系建设和改革，中国残联主席张海迪于 2016 年就任康复国际主席，2018 年连任。设立康复国际全球残疾人事务发展基金和非洲基金，创立并颁发康复国际杰出贡献奖，为推动国际残疾人事务发展贡献中国智慧和中国方案。

党的十八大以来，特别是“十三五”时期，在党中央、国务院高度重视和各地区各部门各方面共同努力下，残疾人事业取得新的历史成就，迈上新的发展台阶，成为全面建成小康社会的重要方面，彰显了中国共产党领导和社会主义制度的显著优势。

## 二、当前存在的主要困难和问题

我国有 8500 多万残疾人。“十四五”时期，由于人口老龄化加快和生育政策调整等因素，残疾仍会多发高发。残疾人仍然是一个特殊困难的群体，保障和发展状况与社会平均水平相比还有相当大的差距；残疾人事业仍然是经济社会发展的一块短板：

**一是残疾人返贫致贫风险高。**相当数量的低收入残疾人家庭生活还比较困难，残疾人家庭人均收入与社会平均水平相比还存在不小差距，“十三五”时期，残疾人家庭人均收入年均增速也低于社会平均水平，收入来源中转移性收入占比高，工资性、财产性收入占比较低，持续增收后劲不足，返贫致贫风险高。

**二是残疾人城镇化率低、受教育水平低、就业层次低。**我国常住人口城镇化率为60.6%，持证残疾人非农户籍占比仅为21%。残疾人受教育水平普遍偏低，大多数为初中及以下文化程度，就业竞争力不足。残疾人就业不充分，仍有700余万残疾人未就业，其中40%为中轻度残疾人。残疾人就业层次偏低，大部分残疾人就业以低技能制造和低端服务业为主。

**三是残疾人基本民生需求还没有充分满足、美好生活需要日益增加。**歧视残疾人、侵害残疾人权益的现象仍然存在，精神、智力残疾妇女被包办买卖婚姻还时有发生。残疾人就学就医、康复照护、养老托育、无障碍等基本民生需求还没有得到充分满足。残疾人婚姻家庭问题比较多，独居残疾人，残疾儿童家庭、一户多残、老残一体等特殊困难家庭更需要关爱帮助。残疾人经济参与、社会融合、精神富足等方面的需求越来越迫切，残疾人中蕴藏的潜能还没有充分发挥。

**四是残疾人事业仍然是经济社会发展的短板。**残疾人社会保障水平还不高，近20个省区困难残疾人生活补贴和重度残疾人护理补贴标准处于70—100元/月区间范围。残疾人康复等公共服务总量不足、分布不均衡、质量效益不高，社会力量和市场主体对残疾人服务的参与还不充分，欠发达地区、农村和基层为残疾人服务的能力尤其薄弱，康复等专业人才相当匮乏，科技创新、信息化、人才培养等保障条件亟待强化。

## 三、对“十四五”残疾人保障和发展的建议

习近平总书记指出，“不断满足人民群众对美好生活的需要，必须保护好残疾人权益，残疾人事业一定要继续推动”，要“进一步发展残疾人事业，促进残疾人全面发展和共同富裕”。党的十九届五中全会对帮扶残疾人就业、完善特殊教育保障机制、健全残疾人关爱服务体系和设施、完善帮扶残疾人社会福利制度、提升残疾康复服务质量、筹办好北京冬残奥会等提出明确要求。国民经济和社会发展“十四五”规划和2035年远景目标纲要对保障残疾人基本权益、提升残疾人保障和发展水平做出了专门部署安排。国务院印发了《“十四五”残疾人保障和发展规划》。建议立足新发展阶段、贯彻新发展理念、围绕构建新发展格局，在推动高质量发展的进程中，进一步谋划好、落实好“十四五”时期的各项残疾人工作，把习近平总书记的重要指示批示和党中央、国务院决策部署落到实处，在实现“全面建成小康社会，残疾人一个也不能少”的基础上，力争做到共同富裕的路上残疾人不掉队、全面建设社会主义现代化国家的进程中残疾人不落下。

**一是突出党对残疾人工作的全面领导。**坚持以习近平新时代中国特色社会主义思想为指导，贯彻落实习近平总书记关于残疾人事业的重要指示批示和党中央、国务院决策部署，健全党委领导、政府负责的残疾人工作领导体制，推动残疾人事业治理体系和治理能力现代化，为残疾人保障和发展提供坚强的政治保障。

**二是坚持以人民为中心。**坚持格外关心、格外关注残疾人，解决好残疾人最关心、最直接、最现实的利益问题，激发残疾人的积极

性、主动性、创造性，不断增强残疾人的获得感、幸福感、安全感。

**三是明确“十四五”时期残疾人工作主题主线。**“十四五”时期以推动残疾人事业高质量发展为主题，以巩固拓展残疾人脱贫攻坚成果和促进残疾人全面发展、共同富裕为主线，保障残疾人平等权利，增进残疾人民生福祉，增强残疾人自我发展能力，推动残疾人事业向着现代化迈进，不断满足残疾人美好生活需要。

**四是提升残疾人基本民生保障水平。**将巩固拓展残疾人脱贫攻坚成果、提高残疾人特别是困难和重度残疾人民生保障水平作为首要任务，建立健全残疾人返贫监测和帮扶机制，强化残疾人社会救助保障，完善残疾人社会福利制度，合理确定残疾人社会保险覆盖范围和待遇水平，开展重度残疾人托养和照护服务，改善残疾人生活品质。

**五是千方百计促进残疾人就业创业。**残疾人是重要的人力资源，是社会主义现代化建设的重要力量。建议将帮扶城乡残疾人就业创业放在突出位置，开展残疾人就业促进专项行动，完善残疾人就业创业法规政策，加强残疾人就业服务，提升残疾人职业素质和就业创业能力，多渠道、多形式促进残疾人就业创业，帮助残疾人实现较为充分较高质量的就业，让更多残疾人通过劳动过上更好更有尊严的生活。

**六是扩大残疾人服务供给、提升残疾人服务质量。**健全包括残疾人康复、教育、文化体育、无障碍等在内的关爱服务体系和设施，加快发展残疾人慈善事业、志愿服务和服务产业，建成高起点、高水平、国际化的康复大学，促进残疾人服务科技创新和人才培养，加强信息化建设，不断扩大残疾人公共服务供给，提高残疾人服务的主动性、精准性、及时性，让残疾人逐步享有专业化和便利化的服务，帮助残疾人增强经济社会参与能力。

**七是营造自强和助残的文明氛围。**残疾人事业发展是社会文明进步的重要标志。深入开展习近平新时代中国特色社会主义思想学习教育，学习宣传习近平总书记关于残疾人事业的重要指示批示，坚持以社会主义核心价值观为引领，加强新时代中国特色残疾人事业理论和实践研究，厚植残疾人事业发展的思想文化基础。办好北京冬残奥会，将扶残助残纳入公民道德建设、文明创建工程和新时代文明实践活动，弘扬人道主义精神和扶残助残传统美德，营造理解、尊重、关心、帮助残疾人的文明社会氛围，鼓励残疾人自尊、自信、自强、自立。

**附件：配套政策文件表**

| 国务院出台的专项文件 | | | | |
|---|---|---|---|---|
| 序号 | 文件名称 | 发文单位 | 发文时间 | 文号 |
| 1 | 《关于全面建立困难残疾人生活补贴和重度残疾人护理补贴制度的意见》 | 国务院 | 2015年9月22日 | 国发〔2015〕52号 |
| 2 | 《关于印发国家残疾预防行动计划（2016—2020年）的通知》 | 国务院办公厅 | 2016年8月25日 | 国办发〔2016〕66号 |
| 3 | 《关于加快发展康复辅助器具产业的若干意见》 | 国务院 | 2016年10月23日 | 国发〔2016〕60号 |
| 4 | 《残疾人教育条例》 | 国务院 | 2017年2月1日 | 国务院令674号 |
| 5 | 《残疾预防和残疾人康复条例》 | 国务院 | 2017年2月7日 | 国务院令第675号 |
| 6 | 《关于建立残疾儿童康复救助制度的意见》 | 国务院 | 2018年6月21日 | 国发〔2018〕20号 |

续表 1

| 残工委成员单位制定的文件 | | | | |
|---|---|---|---|---|
| 一、社会保障类 | | | | |
| 序号 | 文件名称 | 发文单位 | 发文时间 | 文号 |
| 7 | 《人力资源社会保障部关于工伤保险待遇调整和确定机制的指导意见》 | 人力资源社会保障部 | 2017年7月28日 | 人社部发〔2017〕58号 |
| 8 | 《关于在脱贫攻坚中做好贫困重度残疾人照护服务工作的通知》 | 民政部、财政部、国家卫生健康委、国务院扶贫办、中国残联 | 2019年5月5日 | 民发〔2019〕33号 |
| 9 | 《关于建立困难残疾人生活补贴和重度残疾人护理补贴标准动态调整机制的指导意见》 | 民政部、财政部、中国残联 | 2019年7月4日 | 民发〔2019〕67号 |
| 10 | 《关于扎实做好疫情防控常态化背景下残疾人基本民生保障工作的指导意见》 | 中国残联、民政部、财政部、人力资源社会保障部、国务院扶贫办 | 2020年5月22日 | 残联发〔2020〕17号 |
| 二、就业类 | | | | |
| 11 | 《关于促进残疾人就业增值税优惠政策的通知》 | 财政部、国家税务总局 | 2016年5月5日 | 财税〔2016〕52号 |
| 12 | 《关于实施〈残疾人职业技能提升计划（2016—2020年）〉的通知》 | 人力资源社会保障部办公厅、中国残联办公厅 | 2016年5月17日 | 人社厅发〔2016〕69号 |

续表2

| 序号 | 文件名称 | 发文单位 | 发文时间 | 文号 |
|---|---|---|---|---|
| 13 | 《残疾人就业促进“十三五”实施方案》 | 中国残联、国家发展改革委、民政部、人力资源社会保障部、原国家卫生计生委、国家税务总局、国家中医药管理局 | 2016年10月8日 | 残联发〔2016〕48号 |
| 14 | 《关于进一步落实残疾人辅助性就业机构扶持政策的通知》 | 中国残联办公厅 | 2017年6月 | 残联厅发〔2017〕35号 |
| 15 | 《关于促进残疾人就业政府优先采购政策的通知》 | 财政部、民政部、中国残联 | 2017年8月22日 | 财库〔2017〕141号 |
| 16 | 《关于扶持残疾人自主就业创业的意见》 | 中国残联、国家发改委、民政部、财政部等15部门单位 | 2018年1月12日 | 残联发〔2018〕6号 |
| 17 | 《关于贯彻落实职业技能提升行动方案（2019—2021年）的通知》 | 中国残联办公厅 | 2019年6月24日 | 残联厅发〔2019〕155号 |
| 18 | 《关于完善残疾人就业保障金制度更好促进残疾人就业的总体方案》 | 国家发展改革委、财政部、民政部、人力资源社会保障部、国家税务总局、中国残联 | 2019年12月27日 | 发改价格规〔2019〕2015号 |
| 19 | 《关于完善残疾人就业保障金制度更好促进残疾人就业的总体方案》实施方案 | 中国残联 | 2020年3月3日 | 残联发〔2020〕7号 |

续表 3

| 三、公共服务 | | | | |
|---|---|---|---|---|
| （一）康复 | | | | |
| 序号 | 文件名称 | 发文单位 | 发文时间 | 文号 |
| 20 | 《关于新增部分医疗康复项目纳入基本医疗保障支付范围的通知》 | 人力资源社会保障部、原国家卫生计生委、民政部、财政部、中国残联 | 2016年3月9日 | 人社部发〔2016〕23号 |
| 21 | 《关于进一步做好重度残疾人医疗服务及保障工作的通知》 | 原国家卫生计生委办公厅、民政部办公厅、财政部办公厅、人力资源社会保障部办公厅、中国残联办公厅 | 2016年4月14日 | 国卫办医发〔2016〕15号 |
| 22 | 《关于印发〈残疾人精准康复服务行动实施方案〉的通知》 | 中国残联、原国家卫生计生委、国务院扶贫办 | 2016年6月2日 | 残联发〔2016〕27号 |
| 23 | 《关于做好残疾儿童康复救助申请人信息比对工作的通知》 | 中国残联办公厅、民政部办公厅、国务院扶贫办综合司 | 2018年9月6日 | 残联厅发〔2018〕19号 |
| 24 | 《关于印发〈残疾人基本康复服务目录〉（2019年版）的通知》 | 中国残联、民政部、国家卫生健康委、国务院扶贫办 | 2019年7月15日 | 残联发〔2019〕34号 |

续表4

| 序号 | 文件名称 | 发文单位 | 发文时间 | 文号 |
|---|---|---|---|---|
| 25 | 《关于开展残疾儿童康复救助定点服务机构管理试点工作的通知》 | 中国残联、民政部、国家卫生健康委 | 2020年10月28日 | 残联发〔2020〕40号 |
| 26 | 《关于印发〈精神障碍社区康复服务工作规范〉的通知》 | 民政部、国家卫生健康委、中国残联 | 2020年12月28日 | 民发〔2020〕147号 |
| 27 | 《关于积极推行政府购买精神障碍社区康复服务工作的指导意见》 | 民政部、财政部、人力资源社会保障部、国家卫生健康委、中国残联 | 2020年12月25日 | 民发〔2020〕148号 |
| （二）教育 | | | | |
| 28 | 《国家手语和盲文规范化行动计划（2015—2020年）》 | 中国残联、教育部、国家语委、国家新闻出版广电总局 | 2015年10月13日 | 残联发〔2015〕47号 |
| 29 | 《关于免除普通高中建档立卡家庭经济困难学生学杂费的意见》 | 教育部、财政部 | 2016年8月30日 | 财教〔2016〕292号 |
| 30 | 《盲校义务教育课程标准（2016年版）》《聋校义务教育课程标准（2016年版）》《培智学校义务教育课程标准（2016年版）》 | 教育部 | 2016年12月1日 | 教基二〔2016〕5号 |
| 31 | 《残疾人参加普通高等学校招生全国统一考试管理规定》 | 教育部、中国残联 | 2017年4月7日 | 教学〔2017〕4号 |

续表 5

| 序号 | 文件名称 | 发文单位 | 发文时间 | 文号 |
|---|---|---|---|---|
| 32 | 《第二期特殊教育提升计划(2017—2020 年)》 | 教育部、中国残联等 7 部门 | 2017 年 7 月 17 日 | 教基〔2017〕6 号 |
| 33 | 关于加快发展残疾人职业教育的若干意见 | 教育部、国家发展改革委、财政部、中国残联 | 2018 年 4 月 23 日 | 教职成〔2018〕5 号 |
| 34 | 《关于推广国家通用手语和国家通用盲文的通知》 | 中央宣传部、中国残联、教育部、国家语委、国家广播电视总局 | 2018 年 6 月 18 日 | 残联发〔2018〕36 号 |
| 35 | 《关于加强残疾儿童少年义务教育阶段随班就读工作的指导意见》 | 教育部 | 2020 年 6 月 17 日 | 教基〔2020〕4 号 |
| (三) 文化体育 | | | | |
| 36 | 《关于印发〈残疾人文化体育工作"十三五"实施方案〉的通知》 | 中国残联、文化和旅游部等 4 部门 | 2016 年 9 月 21 日 | 残联发〔2016〕49 号 |
| 37 | 《中国残联办公厅、文化和旅游部办公厅关于积极引导残疾人参与非遗保护试点工作的通知》 | 中国残联、文化和旅游部 | 2020 年 5 月 14 日 | 残联厅发〔2020〕5 号 |
| (四) 无障碍 | | | | |
| 38 | 《关于加强网站无障碍服务能力的指导意见》 | 中央网信办、中国残联 | 2016 年 2 月 25 日 | 残联发〔2016〕8 号 |
| 39 | 《无障碍环境建设"十三五"实施方案》 | 中国残联、住房和城乡建设部等 13 部门 | 2016 年 9 月 21 日 | 残联发〔2016〕50 号 |

续表6

| 序号 | 文件名称 | 发文单位 | 发文时间 | 文号 |
|---|---|---|---|---|
| 40 | 《关于进一步加强邮政行业无障碍环境建设等相关工作的通知》 | 中国残联、国家邮政局 | 2017年7月19日 | 国邮发〔2017〕58号 |
| 41 | 《关于支持视力、听力、言语残疾人信息消费的指导意见》 | 工业和信息化部、中国残联 | 2017年12月13日 | 残联发〔2017〕77号 |
| 42 | 《关于在国家老旧小区改造试点中切实落实无障碍改造工作的通知》 | 中国残联 | 2018年1月11日 | 残联函〔2018〕7号 |
| 43 | 《关于进一步加强和改善老年人残疾人出行服务的实施意见》 | 交通运输部等7部委 | 2018年1月8日 | 交运发〔2018〕8号 |
| 44 | 《关于开展无障碍环境市县村镇创建工作的通知》 | 住房和城乡建设部等5部门 | 2018年11月5日 | 建标〔2018〕114号 |
| 45 | 《关于建立无障碍环境建设促进队伍加快推进无障碍环境建设工作的指导意见》 | 中国残联 | 2019年 | |
| 46 | 《关于进一步做好铁路残疾人旅客专用票额车票发售工作的通知》 | 中国残联、国铁集团等4部门 | 2020年1月22日 | 铁办客〔2020〕7号 |
| 47 | 《关于开展城市居住社区建设补短板行动的意见》 | 中国残联、住房和城乡建设部、教育部、工业和信息化部、公安部等13部门 | 2020年8月18日 | 建科规〔2020〕7号 |
| 48 | 《关于推进信息无障碍的指导意见》 | 工业和信息化部、中国残联 | 2020年9月11日 | 工信部联管函〔2020〕146号 |
| 49 | 《互联网应用适老化及无障碍改造专项行动方案》 | 工业和信息化部 | 2020年12月24日 | 工信部信管〔2020〕200号 |

续表 7

| （五）应急服务 | | | | |
|---|---|---|---|---|
| 序号 | 文件名称 | 发文单位 | 发文时间 | 文号 |
| 50 | 《关于做好隔离的残疾人和亲属隔离的残疾人照护服务工作的通知》 | 中国残联办公厅 | 2020年2月11日 | 残联厅发〔2020〕20号 |
| 51 | 《关于集中开展疫情影响下特殊困难残疾人家庭走访探视专项行动的通知》 | 中国残联办公厅 | 2020年4月22日 | 残联厅发〔2020〕61号 |
| 52 | 《关于印发〈重大传染病疫情残疾人防护指南（试行）〉的通知》 | 中国残联办公厅 | 2020年9月10日 | 残联厅发〔2020〕8号 |
| 53 | 《关于印发〈重大传染病疫情残疾人防护社会支持服务指南（试行）〉的通知》 | 中国残联、中宣部、民政部、工信部、住建部、教育部、国家卫健委、国家市场监管总局、国家广电总局 | 2020年10月20日 | 残联发〔2020〕38号 |
| （六）综合 | | | | |
| 54 | 《政府购买残疾儿童康复服务和助残组织培育试点工作实施方案》 | 中国残联办公厅 | 2016年 | 残联厅发〔2016〕33号 |
| 55 | 《关于进一步推动政府购买助残服务的实施意见》 | 中国残联、财政部 | 2019年8月12日 | 残联发〔2019〕38号 |
| 四、其他 | | | | |
| 56 | 《关于加强和改进专门协会工作的意见》 | 中国残联 | 2019年5月13日 | 残联发〔2019〕27号 |
| 57 | 《关于加强和改进村（社区）残疾人协会工作的意见》 | 中国残联、民政部 | 2020年5月15日 | 残联发〔2020〕15号 |

# 后　记

国务院印发的《“十四五”残疾人保障和发展规划》认真落实习近平总书记关于残疾人事业的重要指示批示精神和党中央、国务院开启全面建设社会主义现代化国家新征程向第二个百年奋斗目标进军的决策部署，按照《中共中央关于制定国民经济和社会发展第十四个五年规划和二〇三五年远景目标的建议》《中华人民共和国国民经济和社会发展第十四个五年规划和二〇三五年远景目标纲要》的要求，对“十四五”时期巩固残疾人脱贫攻坚成果，推动残疾人事业高质量发展、实现残疾人共同富裕和全面发展做出了全面规划部署。

按照中国残联的工作安排，《“十四五”残疾人保障和发展规划》编制工作领导小组办公室组织中国残联有关业务部门和单位骨干，并邀请有关部委相关司局负责人，对规划的重要课题进行深入剖析和阐释，编成“专题解读”，以帮助残疾人工作者更好地学习理解和全面准确掌握规划内涵，深刻领会规划精神，并在工作中自觉贯彻落实。

本书在编写过程中得到了有关部门领导的关心、支持和指导；部分残疾人服务单位的有关领导和专家也参与了本书的编写，在此谨表衷心感谢。

中国残联各部室及直属单位负责人和业务骨干参加了撰稿、

审订工作；国家发改委社会司副司长彭福伟，中国信息通信研究院高级工程师、规划所数管部副主任王莉应邀供稿；程凯等会领导同志指导编写并审订了书稿，特致谢忱。

在全面建设社会主义现代化国家新征程背景下发展残疾人事业将面临不少新课题新挑战，规划内涵丰富，解读难免思有未及、言有未当等不足之处，敬请读者批评指正。

本书编写组<br>2021年7月